à vos fils
FAMILLE

MES DOUDOUS SENSORIELS

15 peluches pour grandir en s'amusant

Valérie Clauzier
ValMa Créas

Photographies : Marine Clauzier

Créapassions

DE LA MÊME AUTRICE :

À DÉCOUVRIR CHEZ CRÉAPASSIONS :

Découvrez l'ensemble des livres Créapassions en scannant le QR code.

Suivez-nous sur Facebook
et Instagram

Direction de collection : Stéphanie Auvergnat (EditoKid)
Lecture et corrections : Emmanuelle Fernandez
Graphisme de la collection : Elsa Antoine
Mise en page : Caroline Verret

www.v-publications.net

IBSN : 978-2-8141-0668-0
Dépôt légal : décembre 2022
Imprimé en U.E.

Introduction

L'engouement suscité par les peluches des émotions, à l'honneur dans mon premier livre sorti aux éditions Créapassions, m'a incitée à agrandir ce monde par une nouvelle parution. Ainsi, je vous fais voyager dans une autre partie de mon univers : les peluches rassurantes et d'éveil.

Pour cet ouvrage, j'ai créé 15 peluches qui ont pour vocation de rassurer l'enfant ou de participer à son éveil et ainsi favoriser ses acquisitions.

Au début de certains tutoriels, une orthophoniste vous explique comment manipuler ces doudous pour en explorer tout le potentiel. C'est très simple pour les enfants, mais aussi pour les parents. Sans s'en apercevoir, les enfants jouent, apprennent et grandissent ! L'orthophoniste précise toutes les aptitudes et connaissances que vous pouvez stimuler grâce au doudou, telles que la motricité fine, la sériation (le fait de ranger du plus petit au plus grand), le vocabulaire, la construction des phrases, etc.

J'espère que vous prendrez du plaisir à créer ces nouveaux compagnons et à contempler les sourires dessinés sur les visages des enfants à qui vous les offrez.

ValMa Créas

Sommaire

Avant de commencer…

Lexique de couture

Coudre à 0,8 cm du bord : aligner le bord du tissu le long du pied de biche (ou pied presseur).

Cranter : réaliser de petits crans aux ciseaux dans les valeurs de couture. Ces coupes permettent de gérer les surépaisseurs, en particulier aux angles, et aident surtout au bon positionnement des coutures en arrondis. Les courbes se positionnent mieux et vous éviterez les matières tirées et les faux plis.

Dégarnir les angles : couper le surplus de tissu dans un angle afin d'éviter des épaisseurs inutiles.

En miroir : pièces bien symétriques et inversées.

Entoiler ou thermocoller : action qui sert à consolider et à donner de la tenue à l'ouvrage. Placez le tissu côté endroit contre la planche à repasser. Posez par-dessus la toile thermocollante côté « colle ». Veillez à ce que la face collante soit sur l'envers du tissu ! Placez une feuille de papier cuisson sur la toile thermocollante. Poser le fer à repasser sans vapeur environ 30 secondes sur chaque partie du tissu.

Marqueurs effaçables à l'air : les feutres et crayons auto-effaçables (ou auto-disparaissants) sont particulièrement adaptés pour le traçage des marquages qui ne sont plus visibles après la couture ou la broderie. Le marquage s'efface à l'air libre au bout de quelques jours.

Minky ou Minkee : tissu en polyester lavable en machine à 30°C. Il n'est pas nécessaire de le repasser, mais en cas de besoin, veillez à régler le fer sur une température basse et à repasser le tissu sur l'envers.

Point d'arrêt : point nécessaire en début et en fin de couture afin d'éviter qu'elle ne se défasse. Réalisez d'abord quelques points en avant puis quelques points en arrière avec le bouton « arrière » de la machine, au début et à la fin.

Point triple ou point de renfort : point conseillé pour sécuriser les coutures de façon optimale. Il faut repiquer exactement sur la ligne de piqûre réalisée (passer deux fois sur la même ligne) ou, si la machine le permet, utiliser le « triple point élastique », qui pique trois points pour un grâce à un système d'aller-retour.

Point zigzag très serré : point de bourdon.

Stylo Frixion® : l'encre du stylo disparaît à la chaleur du fer à repasser ou au sèche-cheveux pour les matières plus sensibles. Attention, sur certains tissus, ils laissent des marques blanches !

Rempli ou rentré : simple retournement du tissu sur lui-même (sur l'envers du tissu).

Surfiler : réaliser un point zigzag sur le bord du tissu afin d'éviter qu'il ne s'effiloche.

Surpiquer : la surpiqûre est une piqûre apparente sur l'extérieur du travail. Elle est en général utilisée pour décorer une ligne de bordure, aplatir une piqûre ou simplement pour renforcer une couture. Elle s'effectue souvent très près de la couture ou bordure, soit à 2 mm environ. Il est fortement recommandé de repasser soigneusement les coutures avant de réaliser une surpiqûre.

Thermocollant : tissu plus ou moins rigide qui présente une face brillante, enduite de colle, qui fond et adhère au tissu sous l'action de la chaleur du fer à repasser (sans vapeur). D'où son nom : thermo = chaleur et collant, car il colle sous l'action du fer à repasser.

Valeur de couture ou marge de couture : espace à laisser libre entre le bord du tissu et la piqûre.

À savoir avant de vous lancer

Tous les modèles sont réalisés avec une simple machine à coudre, sans brodeuse ni machine de découpe.

Je vous conseille de lire l'intégralité des tutoriels avant de vous lancer, pour vous familiariser avec les différentes étapes de création.

Parmi les tissus utilisés, il y a le Minky à pois ou ras, le velours, le polaire, la fausse fourrure, le coton...

Pour garantir à vos ouvrages une sécurité optimale, réalisez une couture de renfort.

Les marges de couture sont comprises dans les patrons et pièces à découper.

Cousez la feutrine avec un fil assorti à sa couleur.

Les tracés sur les tissus se font à l'aide d'un stylo qui s'efface à la chaleur (type Frixion®) ou avec un stylo-craie.

Mes astuces couture

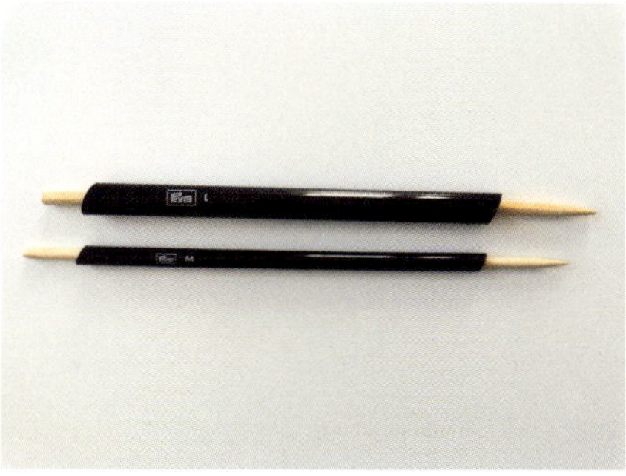

• Retournez les pièces étroites en vous aidant de l'outil guide-passe Prym®.

• Repoussez les bords arrondis et les angles avec l'outil d'angle et bord Prym Love Shaper®.

• Utilisez du papier bruissant dans les peluches.

• Utilisez un miroir souple à coudre.

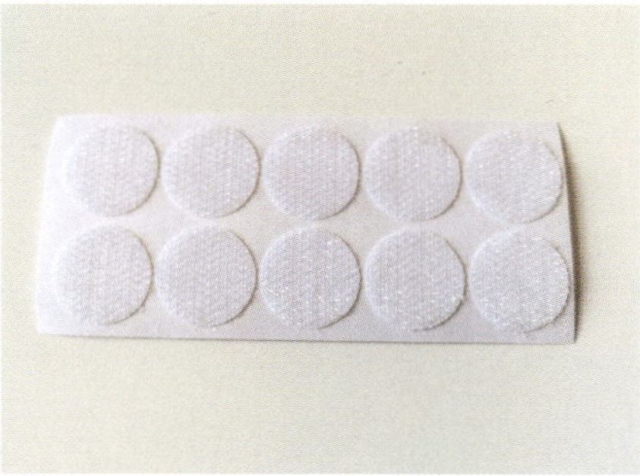

• Utilisez des pastilles rondes autocollantes et auto-agrippantes « crochet ».

• Pour assembler les détails sur les peluches (nez, joues, dents, etc.), pour coudre la bouche, les yeux ou autres éléments et coudre un appliqué avec un point de bourdon, j'utilise un **stabilisateur à arracher « médium »** pour rigidifier les matières délicates et les tissus extensibles comme le Minky et ainsi éviter qu'ils ne glissent pendant la couture.

1 Placez simplement le stabilisateur sous le tissu sans le fixer et cousez les deux épaisseurs ensemble.

2 Vue de l'arrière de la tête avec le stabilisateur.

3 Retirez délicatement le stabilisateur sur l'envers du tissu.

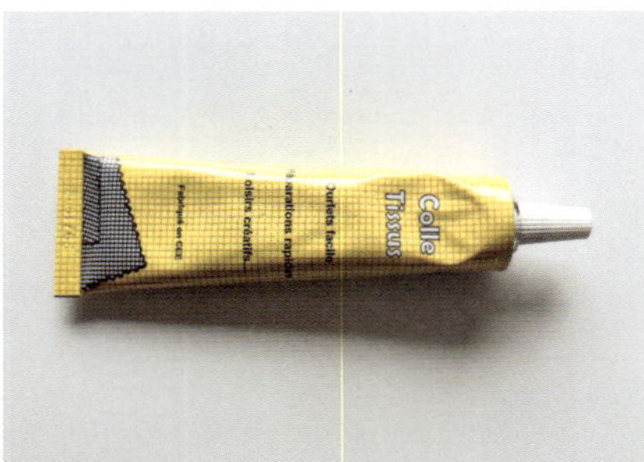

• Pour réaliser les pupilles ou les reflets des yeux, vous pouvez coller les petites pièces en feutrine avec de **la colle pour tissus**, réaliser un point zigzag très serré ou choisir de les dessiner à l'aide d'un feutre textile. Utilisez de la feutrine épaisseur 1 mm ou du simili cuir pour éviter la pose d'un appliqué.

• Pour faciliter **la couture du simili cuir,** placez du papier de soie sous le pied de biche pour l'aider à mieux glisser et pensez à augmenter la longueur du point.

• La couture sur **les tracés de la bouche, des yeux,** etc. se fait au point droit ou au point de bourdon.

• Utilisez **un ruban auto-agrippant assorti** à la couleur de la feutrine. Il se compose de deux parties : la partie velours et la partie crochet.

Poser un appliqué

Dans ce livre, j'utilise de **l'entoilage voilage thermocollant double face, sans papier**.

1 Coupez la toile thermocollante de la forme de la pièce à thermocoller.

2 Recouvrez la planche à repasser d'une feuille de papier cuisson pour la protéger d'éventuels débordements de colle de la toile thermocollante.
Superposez la toile thermocollante double face sur l'envers du tissu coton face à vous.

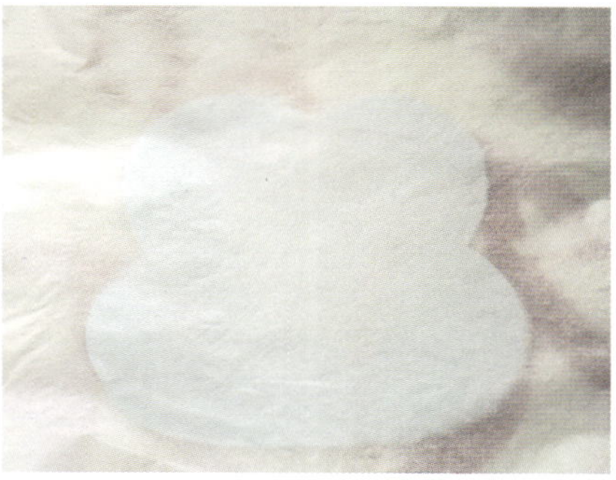

3 Positionnez une feuille de papier cuisson sur la toile thermocollante.

4 Passez le fer chaud sans vapeur pour coller la toile sur le tissu.

5 Retirez délicatement la pièce thermocollée du papier cuisson.

6 Sur l'endroit du tissu Minky « tête devant », positionnez la pièce thermocollée sur l'emplacement indiqué sur le patron. L'endroit du tissu coton se trouve face à vous et le côté avec la colle sur l'envers.

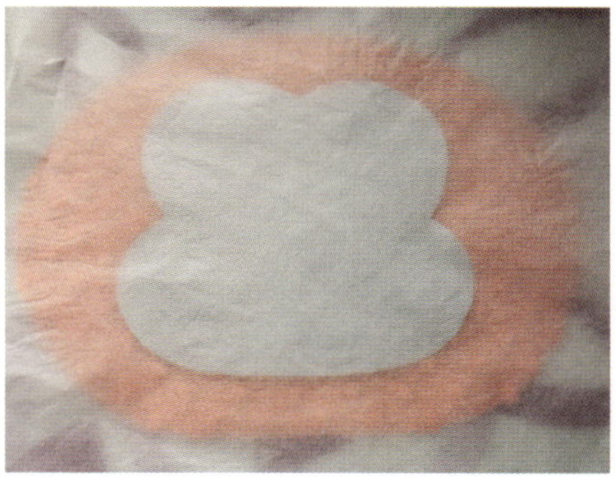

7 Protégez l'ouvrage en plaçant une feuille de papier cuisson sur la tête du singe.

8 Passez le fer chaud sans vapeur sur l'endroit du visage pour coller les tissus entre eux.

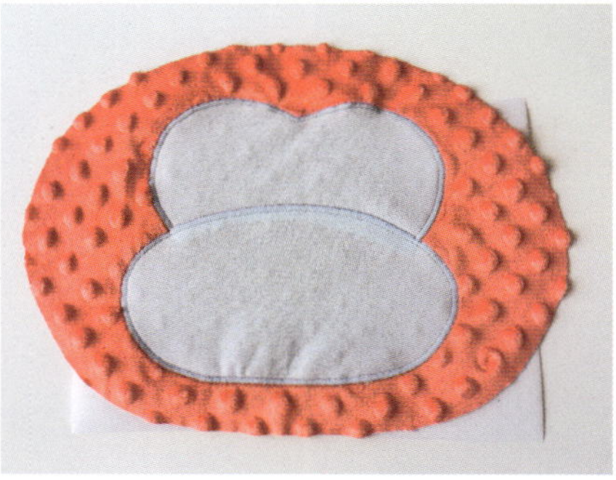

9 Retirez le papier cuisson et cousez le contour de l'appliqué au point zigzag très serré.

LES PELUCHES RASSURANTES

Le mot de
l'orthophoniste

LOVY
La grenouille

Cette peluche est un objet transitionnel réconfortant pour l'enfant. Finies les angoisses occasionnées par l'absence des parents. La grenouille à bisous devient le meilleur compagnon à câliner. Les cœurs et les bouches en feutrine se logent dans la poche-cœur positionnée sur le ventre de la grenouille. Les parents y déposent un bisou par jour d'absence pour permettre à leur enfant de visualiser ce temps et d'anticiper les retrouvailles (« C'est dans combien de bisous que tu reviens ? »). À vous d'y mettre toute la magie nécessaire en racontant le fonctionnement à votre enfant !

Cette peluche permet de tonifier les lèvres et les joues. Avoir des lèvres et des joues toniques est important pour produire certains sons (b, p, m, u, ou, o) mais également pour éviter le bavage ou les fuites labiales pendant l'alimentation. Le principe est simple : vous appliquez du rouge à lèvres sur les lèvres de votre enfant (ou de la pâte à tartiner, ou de la confiture, etc.) et il devra ensuite faire des bisous qui claquent sur les joues de la grenouille. Vous pouvez lui demander de faire un bisou qui dure de plus en plus longtemps (2 s, 3 s, 4 s, etc.). Pour terminer, l'enfant devra nettoyer sa bouche avec la langue plutôt qu'avec un essuie-tout, afin d'améliorer la motricité linguale.

PIÈCES À DÉCOUPER (Longueur x largeur)

Pour la tête
- Tissu Minky ras : 2 fois 23 cm x 22 cm

Pour le corps
- Tissu coton imprimé : 2 fois 23 cm x 23 cm

Pour la poche en forme de cœur
- Tissu coton imprimé : 2 fois 17 cm x 14 cm

Pour les bras
- Tissu Minky ras : 4 fois 9 cm x 23 cm

Pour les pattes
- Tissu Minky ras : 4 fois 9 cm x 18 cm

Pour le visage
- Yeux en feutrine blanche : 2 fois 3 cm x 3 cm
- Pupilles en feutrine noire : 2 fois 1,5 cm x 2 cm
- Narines en feutrine grise : 2 fois 1 cm x 2 cm

Pour les joues
- Cœur en simili cuir blanc à paillettes ou en feutrine blanche : 2 fois 6 cm x 5,5 cm
- Pour le modèle d'apprentissage : 2 cercles Ø 7 cm en cristal transparent 30/100

Et aussi
- Feutrine rouge épaisse pour les cœurs et les bouches
- Ruban auto-agrippant velours et crochet : 2,5 cm x 2 cm
- Ouate de rembourrage

COUPE
Découpez les gabarits en miroir.

Dimensions finales de la peluche :
51 cm x 51 cm bras ouverts
ou 22 cm x 51 cm sans les bras.

PAS À PAS

1 Réalisez la tête de la grenouille : sur l'endroit du tissu Minky « devant », positionnez les yeux, les pupilles et les narines aux emplacements indiqués sur le patron. Cousez leur contour au point droit, à 2 mm du bord. N'oubliez pas de placer le stabilisateur sous l'envers du tissu « tête devant » pour vous faciliter la couture (cf. page 8 « Avant de commencer... »).

2 Positionnez les joues en forme de cœur à l'endroit indiqué sur le patron. Cousez leur contour à 0,5 cm du bord.
Tracez la bouche et cousez sur ce tracé, au point droit ou au point zigzag très serré.

3 Pour la peluche d'apprentissage : superposez les cercles en cristal transparent sur les joues en forme de cœur. Cousez leur contour à 0,5 cm du bord en augmentant la longueur du point.
Conseil : pour éviter au tissu de gondoler, tendez-le bien pendant la couture.

4 Réalisez la pose du ruban auto-agrippant sur les bras : placez le ruban auto-agrippant crochet centré à 2,5 cm du bord arrondi sur l'endroit du tissu « devant » du bras gauche. Placez le ruban auto-agrippant velours à 2,5 cm du bord arrondi sur l'endroit du tissu « dos » du bras droit. Cousez son contour au point droit à 2 mm du bord.

5 Réalisez les bras et les jambes : superposez les tissus, endroit contre endroit. Cousez le contour des bras et des jambes à 1 cm du bord en laissant la largeur non arrondie ouverte pour ensuite retourner l'ouvrage sur l'endroit. Coupez le surplus de tissu à 0,5 cm du bord. Crantez les bords arrondis et les angles.

6 Retournez les bras et les jambes sur l'endroit par l'ouverture. Repoussez les bords arrondis.
Rembourrez ces parties avec de la ouate. Fermez l'ouverture avec une couture à 0,5 cm du bord.

7 Réalisez la poche : superposez les tissus, endroit contre endroit. Cousez le contour du cœur à 1 cm du bord en laissant une ouverture de 5 cm sur un côté pour ensuite retourner l'ouvrage sur l'endroit. Crantez les bords arrondis et l'angle, et dégarnissez la pointe du bas. Coupez le surplus de tissu à 0,5 cm du bord.

8 Retournez le cœur sur l'endroit par l'ouverture. Repoussez les bords arrondis. Repassez pour aplatir la couture. Sur l'endroit du tissus « corps devant », superposez la poche centrée à 5 cm de la longueur du bas. Épinglez. Cousez le contour du cœur à 0,5 cm du bord, en partant du repère de droite au repère de gauche. Cette étape permet également de fermer l'ouverture. Le haut du cœur reste libre pour l'ouverture de la poche.
Pour obtenir une poche transparente, vous pouvez remplacer le cœur en tissu par un cœur en cristal transparent 30/100.

9 Réalisez la partie « devant » de la grenouille : placez la longueur du bas du tissu Minky « tête devant » sur la longueur du haut du tissu « devant » du corps, endroit contre endroit et sur les repères indiqués sur le patron. Épinglez la longueur du cou en commençant par superposer les repères du milieu. Cousez cette longueur à 1 cm du bord. Ouvrez et aplatissez la couture. Crantez cette longueur arrondie.

10 Réalisez la partie « dos » de la grenouille : reproduisez l'étape 9.

11 Sur la partie « devant » de la grenouille, positionnez, endroit contre endroit, les bras et les pattes sur les repères indiqués sur le patron. Épinglez. Faites une couture à 0,5 cm du bord pour maintenir ces parties. Vérifiez le bon placement des pattes ainsi que l'alignement des bras pour une jolie finition.

12 Superposez les parties « devant » et « dos » de la grenouille, endroit contre endroit. Épinglez. Cousez le contour de la grenouille à 1 cm du bord en laissant une ouverture de 10 cm sur un côté pour ensuite retourner l'ouvrage sur l'endroit. Crantez les angles et les bords arrondis.

13 Retournez votre jolie grenouille sur l'endroit par l'ouverture. Repoussez les bords.

14 Rembourrez la grenouille avec de la ouate. Fermez l'ouverture avec une couture à la main, au point invisible, en réalisant un aller-retour pour garantir une sécurité optimale.

15 Réalisez les cœurs et les bouches en feutrine rouge : tracez et découpez le gabarit cœur sur la feutrine au nombre que vous souhaitez et faites la même chose pour la bouche.
Tracez un trait horizontal sur le milieu de la bouche à l'aide d'un stylo-craie. Cousez sur ce tracé au point droit avec un fil rouge assorti à la feutrine.

POUIC
Le crocodile

Ce petit crocodile emporte toujours ses souvenirs dans son cœur pour pouvoir croquer la vie à pleines dents chaque jour ! Remplissez l'album de photos de vous, de vos animaux de compagnie et de tous ceux et celles qui sont chers à l'enfant. Quand il sera à la crèche, chez l'assistante maternelle ou chez ses grands-parents, feuilleter ce crocodile à la tête rigolote le rassurera.

PIÈCES À DÉCOUPER (Longueur x largeur)

Pour la tête
- Tissu Minky ras ou velours : 2 fois 20 cm x 13 cm

Pour la queue
- Tissu Minky ras ou velours : 2 fois 13,5 cm x 12,5 cm

Pour les pattes du haut
- Tissu Minky ras ou velours : 4 fois 8 cm x 11 cm

Pour les pattes du bas
- Tissu Minky ras ou velours : 4 fois 9,5 cm x 9 cm

Pour le visage
- Yeux en feutrine blanche : 2 fois 2 cm x 2 cm
- Pupilles en feutrine noire : 2 fois 1 cm x 1 cm
- Naseaux en feutrine grise : 2 fois 1 cm x 1 cm
- Dents en feutrine blanche : 3 fois 2 cm x 1,5 cm

Pour la couverture
- Tissu « extérieur » coton : 2 fois 23,5 cm x 18,5 cm
- Tissu « intérieur » coton : 45 cm x 18,5 cm
- Molleton fin (ouate au mètre) : 47 cm x 20 cm

Pour les pages
- Tissu coton assorti : 4 fois 41 cm x 16 cm
- Molleton (ouate au mètre) : 2 fois 43 cm x 18 cm
- Cristal transparent (nappe) 30/100 : 8 fois 16 cm x 11,5 cm

Et aussi
- Ruban auto-agrippant velours et crochet : 3 cm x 2 cm
- Ouate de rembourrage
- Facultatif : ruban de masquage pour aider à maintenir le cristal transparent sur le tissu. C'est un ruban adhésif repositionnable et facile à retirer, qui ne laisse pas de résidus de colle.

COUPE
Découpez les gabarits en miroir.

Dimensions finales de l'album fermé : 22 cm x 16 cm sans les pattes ni la tête.
Dimensions finales de l'album ouvert : 43 cm x 16 cm sans les pattes ni la tête.

Pour information
- Cet album photo est réalisé avec de la ouate au mètre pas trop épaisse, pour un rendu moelleux et léger.
- Il contient 8 photos au format 15 cm x 10 cm. Pour en avoir 10, ajoutez deux rectangles de cristal transparent sur la couverture intérieure de l'album photo.
- Utilisez un cristal transparent pas trop fin afin d'éviter qu'il ne se plie ou ne se froisse au moment de retourner l'ouvrage (évitez la pochette transparente scolaire !).

PAS À PAS

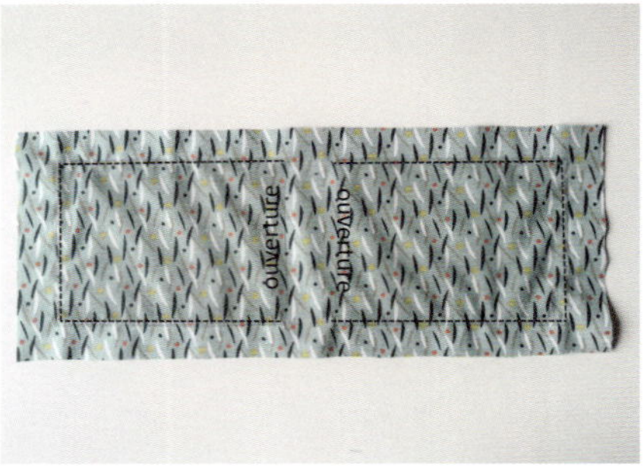

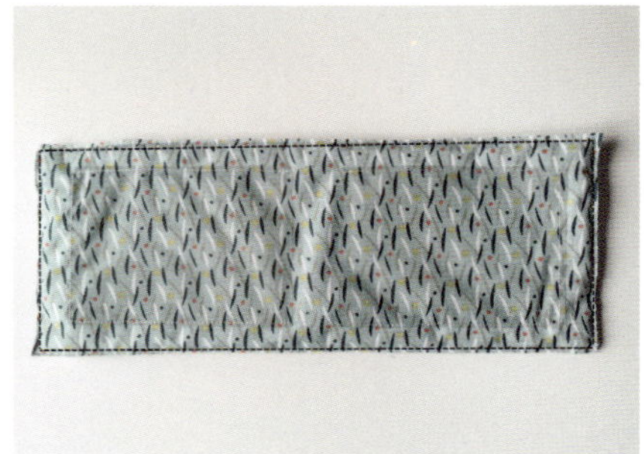

1 Réalisez les pages : sur l'endroit des quatre tissus « pages », positionnez deux rectangles de cristal transparent, centrés à 2,5 cm des largeurs. Cousez le cristal transparent sur les longueurs et les largeurs extérieures à 0,5 cm du bord en prenant soin d'agrandir le point. Laissez les largeurs intérieures ouvertes pour pouvoir insérer les photos. Retirez délicatement le ruban de masquage pendant la couture.

2 Réalisez les deux pages molletonnées : superposez un tissu « pages » endroit face à vous sur un rectangle molleton. Épinglez.

3 Cousez le contour du tissu « pages » à 3 mm du bord. Coupez le surplus de molleton au bord du tissu. Vous vous retrouvez avec deux tissus « pages » molletonnés sur les quatre tissus « pages ».

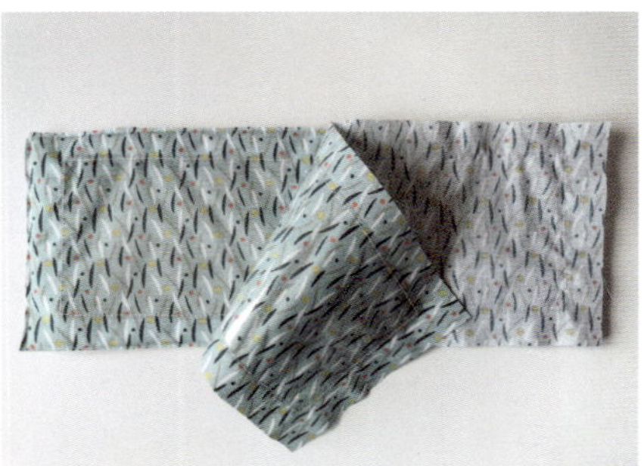

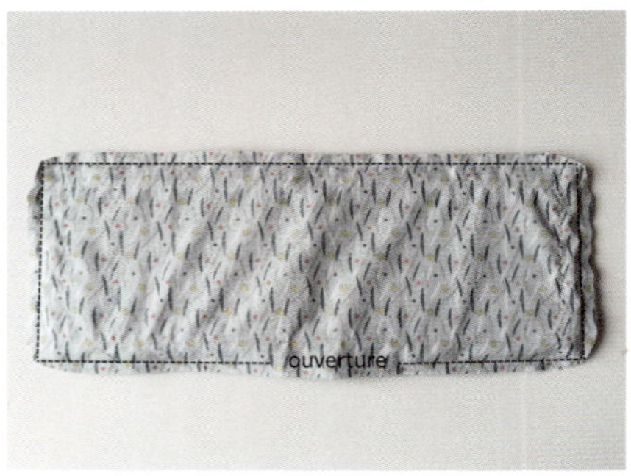

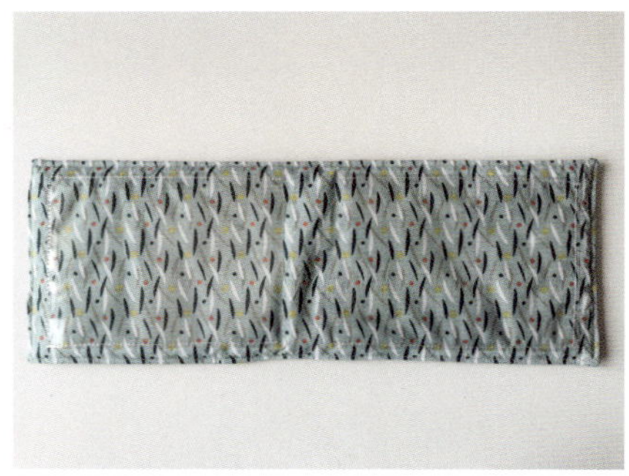

4 Superposez un tissu « pages » et un tissu « pages » molletonné, endroit contre endroit.
Pincez. Cousez le contour de la page à 1 cm du bord en laissant une grande ouverture de 14 cm pour ensuite retourner l'ouvrage sur l'endroit. Dégarnissez les quatre angles.

5 Retournez délicatement la page sur l'endroit en prenant soin de ne pas plier le cristal. Repoussez les angles. Surpiquez le contour de la page à 3 mm du bord. Cette étape permet également de fermer l'ouverture.
Conseil : n'hésitez pas à donner un coup de marteau pour aplatir les angles afin de faciliter la surpiqûre.

6 À l'issue des précédentes étapes, vous obtenez deux « pages » molletonnées de l'album photo.

7 Pliez ces deux pages en deux sur la longueur. Appuyez sur la largeur pliée pour marquer le pli du milieu. Pincez. Vous obtenez ainsi quatre pages de l'album.

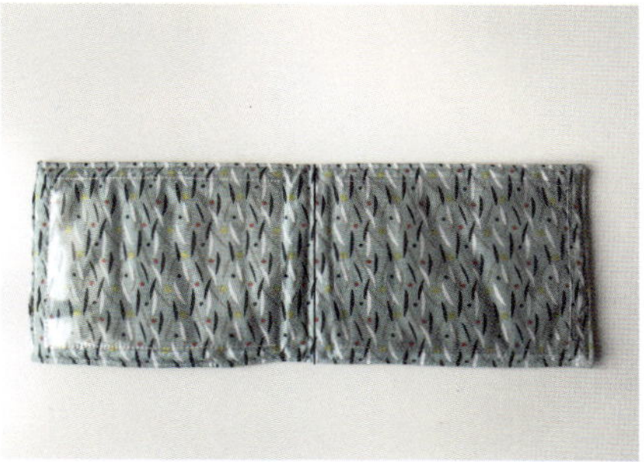

8 Ouvrez la page et tracez un trait sur le pli du milieu.

9 Réalisez la queue du crocodile : sur l'endroit du tissu « queue de droite », positionnez le ruban auto-agrippant velours à l'endroit indiqué sur le patron. Cousez le contour à 2 mm du bord.

10 Superposez les tissus, endroit contre endroit. Épinglez. Cousez le contour de la queue à 1 cm du bord en laissant la largeur non arrondie ouverte pour ensuite retourner l'ouvrage sur l'endroit. Coupez le surplus de tissu à 0,5 cm du bord et crantez les bords arrondis.

11 Retournez la queue sur l'endroit et repoussez les bords. Rembourrez légèrement la queue avec de la ouate. Fermez l'ouverture avec une couture à 0,5 cm du bord.
Conseil : ne rembourrez pas trop la queue pour faciliter la fermeture de l'album.

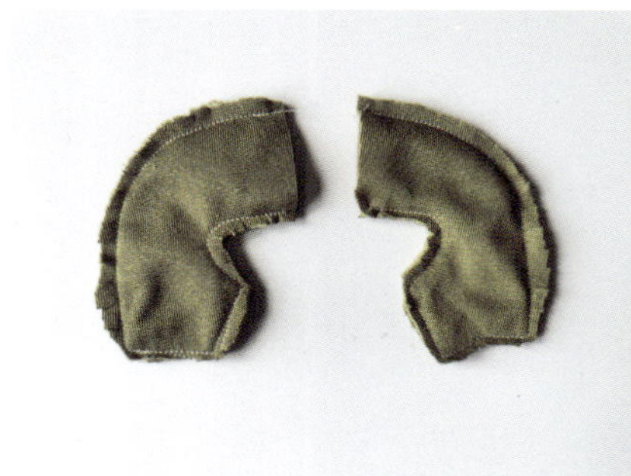

12 Réalisez les « pattes du haut » du crocodile : superposez les tissus, endroit contre endroit. Épinglez. Cousez le contour des pattes à 1 cm du bord en laissant la largeur du haut ouverte pour ensuite retourner l'ouvrage sur l'endroit. Dégarnissez les pointes et les angles. Crantez les bords arrondis. Coupez le surplus de tissu à 0,5 cm du bord.

13 Retournez les pattes sur l'endroit et repoussez les bords. Rembourrez les pattes avec de la ouate. Fermez l'ouverture avec une couture à 0,5 cm du bord.

14 Réalisez les « pattes du bas » du crocodile : superposez les tissus, endroit contre endroit. Épinglez. Cousez le contour des pattes à 1 cm du bord en laissant la longueur du haut ouverte pour ensuite retourner l'ouvrage sur l'endroit. Dégarnissez les pointes et les angles. Crantez les bords arrondis. Coupez le surplus de tissu à 0,5 cm du bord.

15 Retournez les pattes sur l'endroit et repoussez les bords. Rembourrez les pattes avec de la ouate. Fermez l'ouverture avec une couture à 0,5 cm du bord.

16 Réalisez la tête du crocodile : sur l'endroit du tissu Minky « tête devant », positionnez les yeux et les pupilles aux emplacements indiqués sur le patron. Épinglez. Cousez leur contour au point droit à 2 mm du bord.
Tracez la bouche et le contour des naseaux aux endroits indiqués sur le patron. Cousez sur le tracé de la bouche avec du fil noir au point zigzag très serré. Cousez sur le tracé du contour des naseaux au point droit avec du fil noir. Positionnez les dents et les naseaux aux endroits indiqués sur le patron et cousez leur contour au plus près du bord.

17 Superposez les tissus, endroit contre endroit. Épinglez. Cousez le contour de la tête à 1 cm du bord en laissant la longueur du bas ouverte pour ensuite retourner l'ouvrage sur l'endroit. Crantez les bords arrondis.

18 Retournez la tête sur l'endroit et repoussez les bords. Rembourrez la tête avec de la ouate. Fermez l'ouverture avec une couture à 0,5 cm du bord.

19 Réalisez la couverture « extérieure devant » de l'album photo : positionnez le ruban auto-agrippant crochet sur l'endroit du tissu « couverture extérieure », à l'endroit indiqué sur le patron. Cousez le contour à 2 mm du bord.

20 Positionnez, endroit contre endroit, les pattes du haut et les pattes du bas sur les repères indiqués sur le patron. Épinglez. Faites une couture à 0,5 cm du bord pour maintenir ces parties. Vérifiez le bon placement des pattes pour une jolie finition.

21 Réalisez la couverture « extérieure dos » de l'album photo : positionnez la queue et la tête sur l'endroit du tissu « couverture extérieure », sur les repères indiqués sur le patron. Épinglez. Faites une couture à 0,5 cm du bord pour maintenir ces parties. Vérifiez le bon placement de la tête et de la queue pour une jolie finition.

22 À l'issue des étapes 19, 20 et 21, vous obtenez ceci.

23 Superposez les parties « devant » et « dos » de la couverture « extérieure » de l'album, endroit contre endroit. Épinglez la largeur de gauche face à vous. Cousez cette largeur à 1 cm du bord.

24 Ouvrez et aplatissez la couture.

25 Réalisez la couverture molletonnée : superposez le tissu « couverture intérieure » endroit face à vous sur le rectangle molleton. Épinglez. Cousez le contour à 3 mm du bord. Coupez le surplus de molleton au bord du tissu.

26 Superposez le tissu « couverture intérieure » avec molleton sur le tissu « couverture extérieure » endroit contre endroit ; les motifs sont orientés endroit face à vous. Épinglez. Cousez le contour de la couverture à 1 cm du bord en laissant une ouverture de 10 cm sur la longueur du bas du dos pour ensuite retourner l'ouvrage sur l'endroit. Dégarnissez les quatre angles.

27 Retournez la « couverture » de l'album photo sur l'endroit par l'ouverture et repoussez les angles. Surpiquez le contour à 0,5 cm du bord. Cette étape permet également de fermer l'ouverture.
Conseil : n'hésitez pas à donner un coup de marteau pour aplatir les angles afin de faciliter la surpiqûre.

28 Pliez la couverture de l'album photo en deux sur la longueur, « couverture extérieure » face à vous, et appuyez sur la largeur pliée pour marquer le pli du milieu. Ouvrez la couverture et tracez un trait sur ce pli du milieu.

29 Placez le côté plié des deux pages de chaque côté de ce trait du milieu. Épinglez sur le tracé du pli du milieu à l'intérieur de la page. Cousez une page après l'autre sur ce pli. Effacez le stylo avec la chaleur d'un sèche-cheveux.

CAJOLEUR

Le coussin paresseux

Le coussin paresseux est un moyen d'apaiser le sommeil de votre enfant. Il veille sur lui et le câline pour étoiler ses nuits. Voici un doux poème à réciter le soir, quand votre enfant est blotti dans son lit. Et pourquoi ne pas l'instaurer comme un rituel au coucher ?

Pour chasser tous les chagrins
Il te suffira de me faire un doux câlin
Tout en reposant ta tête
Sur la mélodie de mon cœur.

PIÈCES À DÉCOUPER (Longueur x largeur)

Pour la tête

- Tissu Minky : 2 fois 29 cm x 24 cm

Pour le visage

- Tissu coton uni : 23 cm x 13 cm
- Toile thermocollante double face : 23,5 cm x 14 cm
- Yeux en simili cuir : 2 fois 12 cm x 8 cm
- Nez en simili cuir : 3,5 cm x 3 cm

Pour le coussin (corps du paresseux)

- Tissu coton imprimé : 2 fois 38 cm x 28 cm

Pour les bras

- Tissu Minky : 4 fois 27 cm x 15 cm

Pour les pattes

- Tissu Minky : 4 fois 15 cm x 16,5 cm

Pour les griffes des bras et des pattes

- Tissu Minky ras : 8 fois 7,5 cm x 8 cm

Et aussi

- Ruban auto-agrippant velours et crochet : 2 fois 3 cm x 2 cm
- Ouate de rembourrage

COUPE

Découpez les gabarits en miroir.

Dimensions finales du coussin :
91 cm x 55 cm avec les bras ouverts.
Dimensions finales du coussin :
37 cm x 55 cm avec les bras fermés.

Conseil : pour faciliter les étapes 23 et 24, ne rembourrez pas trop les parties tête, bras et jambes.

LOVE

PAS À PAS

1 Réalisez la tête du paresseux : posez un appliqué sur l'endroit du tissu Minky « tête devant » du paresseux (cf. « Avant de commencer... », p. 9).

2 Cousez sur le contour du visage avec un point zigzag très serré. N'oubliez pas de placer le stabilisateur (cf. « Avant de commencer... », p. 8) sous l'envers du tissu « tête devant » pour vous faciliter la couture.

3 Réalisez le visage du paresseux : sur l'endroit du visage, positionnez les yeux et le nez aux emplacements indiqués sur le patron. Cousez leur contour au point droit à 2 mm du bord.

4 Tracez les yeux fermés et la bouche aux emplacements indiqués sur le patron. Cousez sur ces tracés, au point droit avec du fil noir.

5 Superposez les tissus « tête », endroit contre endroit. Épinglez. Cousez le contour de la tête à 1 cm du bord en laissant la longueur du bas ouverte pour ensuite retourner l'ouvrage sur l'endroit. Crantez les bords arrondis et les angles. Dégarnissez les pointes.

6 Retournez la tête sur l'endroit et repoussez les bords. Rembourrez la tête avec de la ouate. Fermez l'ouverture avec une couture à 0,5 cm du bord.

7 Réalisez les griffes des pattes : superposez le tissu « griffes », endroit contre endroit, sur la longueur du bas du tissu « pattes ». Épinglez.

8 Cousez sur cette longueur à 1 cm du bord. Ouvrez et aplatissez la couture.

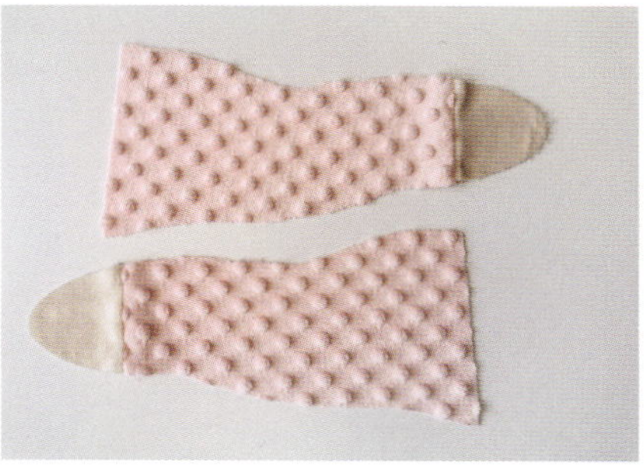

9 Réalisez les griffes des bras : sur la largeur étroite des bras, superposez le tissu « griffes », endroit contre endroit. Épinglez. Cousez sur cette largeur à 1 cm du bord. Ouvrez et aplatissez la couture.

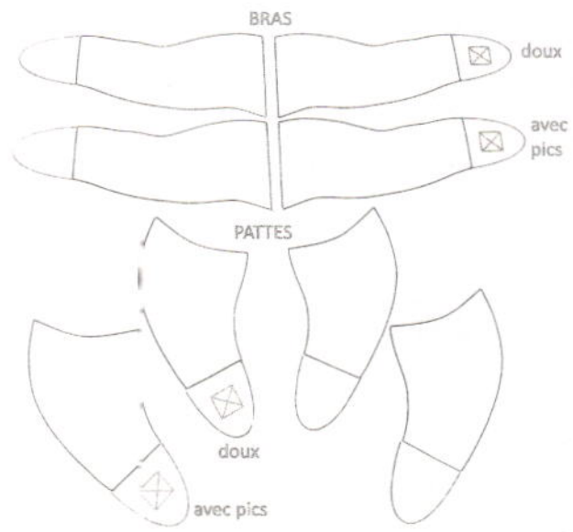

10 Pour permettre au paresseux de se suspendre, cousez du ruban auto-agrippant sur les griffes. Veillez à faire correspondre les rubans auto-agrippant pour l'attache du paresseux selon les positions souhaitées (un côté velours avec un côté crochet ensemble).
Par sécurité, vous pouvez poser les rubans auto-agrippant à l'étape 24 afin de choisir l'emplacement final souhaité.

11 Réalisez la pose du ruban auto-agrippant : positionnez-le centré à 2 cm du bord arrondi du tissu « griffes » des bras de droite (velours et crochet) et des pattes de gauche (velours et crochet). Cousez son contour au point droit à 2 mm du bord.

12 Réalisez les pattes : superposez les tissus, endroit contre endroit. Cousez le contour des pattes à 1 cm du bord en laissant la longueur du haut ouverte pour ensuite retourner l'ouvrage sur l'endroit. Coupez le surplus de tissu à 0,5 cm du bord uniquement sur les griffes (partie étroite). Crantez les bords arrondis.

13 Retournez les pattes sur l'endroit par l'ouverture. Repoussez les bords.

14 Réalisez les séparations des griffes : cousez deux largeurs sur les griffes pour former les trois griffes des pattes avec une couture au point droit sur l'endroit indiqué sur le patron.

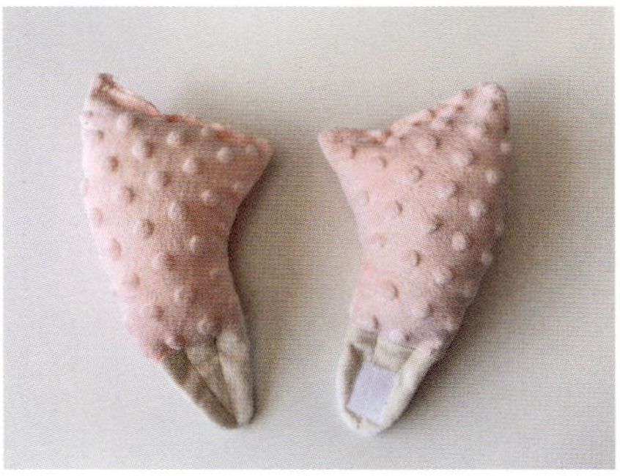

15 Rembourrez les pattes avec de la ouate (les griffes restent non rembourrées). Fermez l'ouverture avec une couture à 0,5 cm du bord.

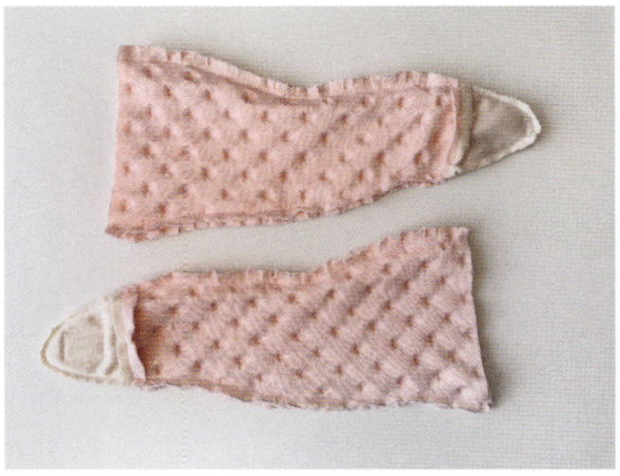

16 Réalisez les bras : superposez les tissus, endroit contre endroit. Cousez le contour des bras à 1 cm du bord en laissant la largeur ouverte pour ensuite retourner l'ouvrage sur l'endroit. Coupez le surplus de tissu à 0,5 cm du bord uniquement sur les griffes (partie étroite). Crantez les bords arrondis.

17 Retournez les bras sur l'endroit par l'ouverture. Repoussez les bords.

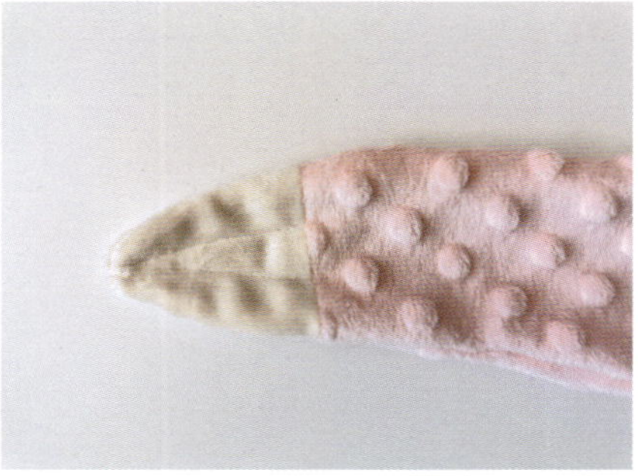

18 Réalisez les séparations des griffes : cousez deux largeurs sur les griffes pour former les trois griffes des bras avec une couture au point droit à l'endroit indiqué sur le patron.

19 Rembourrez les bras avec de la ouate (les griffes restent non rembourrées). Fermez l'ouverture avec une couture à 0,5 cm du bord.

20 Vous venez de réaliser toutes les parties qui se rajoutent au coussin.

21 Réalisez la partie « devant » du coussin paresseux : placez la longueur du bas de la tête centrée sur la longueur du haut du tissu « devant du coussin », endroit contre endroit. Épinglez. Cousez cette longueur (le cou) à 1 cm du bord. Ouvrez et aplatissez la couture.

22 Sur le tissu « devant du coussin », placez, endroit contre endroit, les bras et les pattes sur les repères indiqués sur le patron. Épinglez. Faites une couture à 0,5 cm du bord pour maintenir ces parties. Vérifiez le bon placement des pattes ainsi que l'alignement des bras pour une jolie finition.

23 Superposez les parties « devant » et « dos » du coussin, endroit contre endroit. Épinglez. Cousez le contour du coussin à 1 cm du bord en laissant une ouverture de 10 cm centrée sur le bas du coussin. Dégarnissez les quatre angles.
Conseil : cousez dans un premier temps la longueur du haut, puis les largeurs et, pour finir, la longueur du bas (sans oublier l'ouverture).

24 Retournez délicatement votre joli coussin paresseux sur l'endroit par l'ouverture. Repoussez les angles.

25 Rembourrez le coussin avec de la ouate. Fermez l'ouverture avec une couture à la main, au point invisible, en réalisant un aller-retour pour garantir une sécurité optimale.

Astuce : pour faciliter l'assemblage à l'étape 23, laissez une ouverture sous les bras à l'étape 16 et à l'intérieur des pattes à l'étape 12. Ne rembourrez pas ces parties. Suivez les étapes 22, 23 et 24. À l'étape 25, rembourrez les parties bras et pattes, et le coussin, avec de la ouate. Fermez les ouvertures avec une couture à la main, au point invisible, en réalisant un aller-retour pour garantir une sécurité optimale.

FIZZ

L'acrobate des rêves

Le petit paresseux tient compagnie à son copain le coussin Cajoleur pour encore plus de douceur et de rêve en couleurs.
Ce grand dormeur veillera sur le sommeil de votre enfant. Endormez-le en lui récitant ce poème :

Prêt de toi un compagnon
Qui veillera avec attention
À t'offrir des nuits tout en douceur
Loin de tes peurs.

PIÈCES À DÉCOUPER (Longueur x largeur)

Pour la partie « tête et corps »

- Tissu Minky : 2 fois 38 cm x 23 cm

Pour le visage

- Tissu coton uni : 16,5 cm x 10,5 cm
- Toile thermocollante double face : 16,5 cm x 10,5 cm
- Yeux en simili cuir : 2 fois 9,5 cm x 6 cm
- Nez en simili cuir : 3 cm x 2,5 cm

Pour les bras

- Tissu Minky : 4 fois 19,5 cm x 10 cm

Pour les pattes

- Tissu Minky : 4 fois 11 cm x 16 cm

Pour les griffes des bras et des pattes

- Tissu Minky ras : 8 fois 6 cm x 6 cm

Et aussi

- Ruban auto-agrippant velours et crochet : 2 fois 2 cm x 2 cm
- Ouate de rembourrage

COUPE

Découpez les gabarits en miroir.

Dimensions finales du coussin :
55 cm x 49 cm avec les bras ouverts.
Dimensions finales du coussin :
24 cm x 49 cm avec les bras fermés.

À savoir : les oreilles du paresseux ne sont pas apparentes. Il a une queue très courte.

PAS À PAS

1 Réalisez la pose d'un appliqué sur la tête du paresseux : coupez la toile thermocollante de la forme du visage.

2 Recouvrez la planche à repasser d'une feuille de papier cuisson pour la protéger d'éventuels débordements de colle de la toile thermocollante.
Superposez la toile thermocollante double face sur l'envers du tissu coton « visage » face à vous.

3 Positionnez une feuille de papier cuisson sur la toile thermocollante. Passez le fer chaud sans vapeur pour coller la toile sur le tissu.

4 Retirez délicatement le visage thermocollé du papier cuisson.

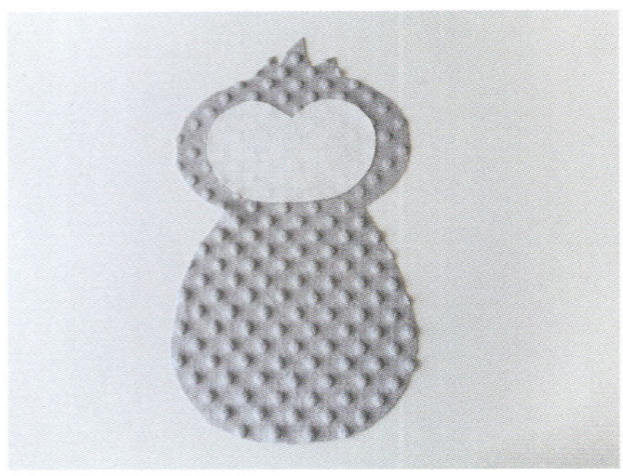

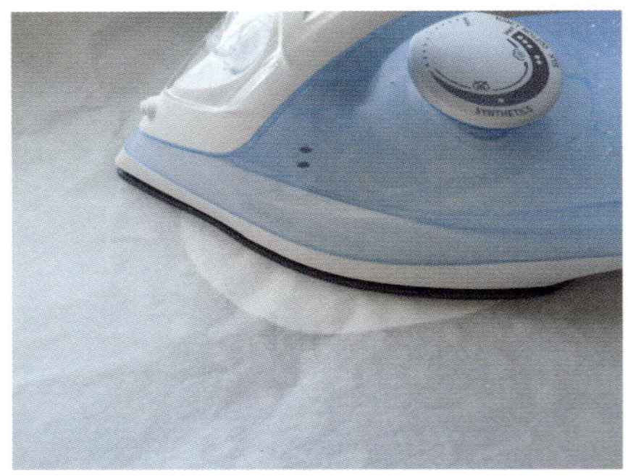

5 Sur l'endroit du tissu Minky « tête devant », positionnez le visage du paresseux sur l'emplacement indiqué sur le patron. L'endroit du tissu coton se trouve face à vous et le côté avec la colle sur l'envers. Protégez l'ouvrage en plaçant une feuille de papier cuisson sur la tête du paresseux. Passez le fer chaud sans vapeur sur l'endroit du visage pour coller les tissus entre eux.

6 Posez une feuille de stabilisateur sur l'envers du tissu « tête devant » pour faciliter la pose de l'appliqué et la couture des attributs (yeux, nez, bouche).

7 Cousez sur le contour du visage avec un point zigzag très serré.

8 Pour la couture du simili cuir, placez du papier de soie sous le pied de biche pour l'aider à mieux glisser et pensez à augmenter la longueur du point.

9 Réalisez le visage du paresseux : sur l'endroit du visage, positionnez les yeux et le nez aux emplacements indiqués sur le patron. Cousez leur contour au point droit à 2 mm du bord.

10 Tracez les yeux fermés et la bouche. Cousez sur ces tracés au point droit avec du fil noir.

11 Retirez délicatement le stabilisateur sur l'arrière de la tête du paresseux.

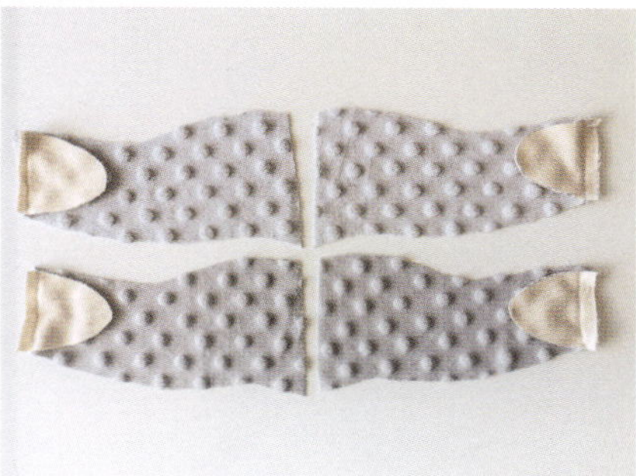

12 Réalisez les griffes des bras : superposez le tissu « griffes », endroit contre endroit, sur la largeur étroite des bras. Épinglez. Cousez sur cette largeur à 1 cm du bord.

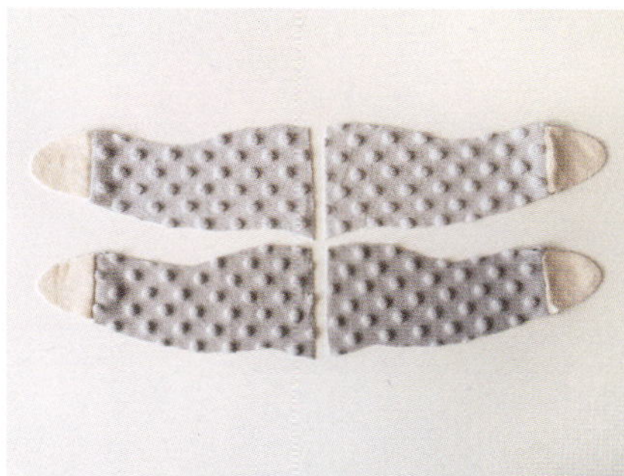

13 Ouvrez et aplatissez la couture.

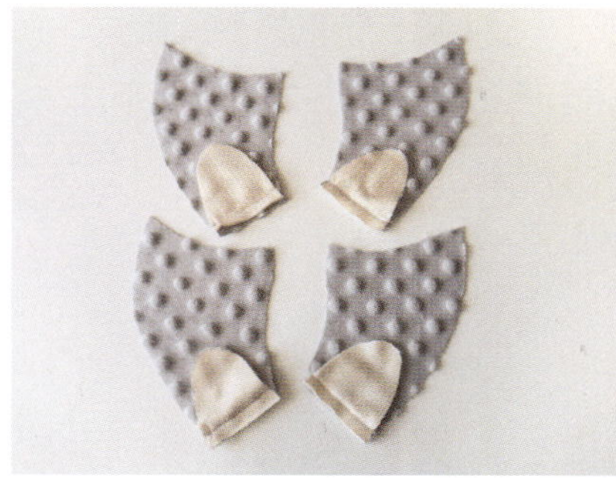

14 Réalisez les griffes des pattes : superposez le tissu « griffes », endroit contre endroit, sur la longueur du bas du tissu « pattes ». Épinglez. Cousez sur cette longueur à 1 cm du bord. Ouvrez et aplatissez la couture.

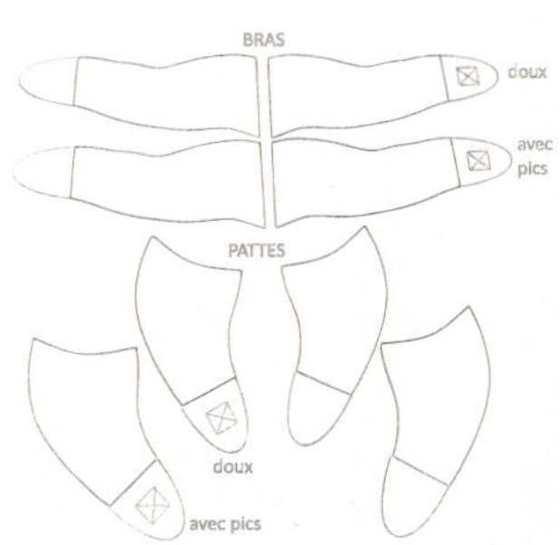

15 Pour permettre au petit paresseux de se suspendre, cousez du ruban auto-agrippant sur les griffes. Veillez à faire correspondre les rubans auto-agrippants pour l'attache du paresseux selon les positions souhaitées (un côté velours avec un côté crochet ensemble). Par sécurité, vous pouvez poser les rubans auto-agrippants à l'étape 24 afin de choisir l'emplacement final souhaité.

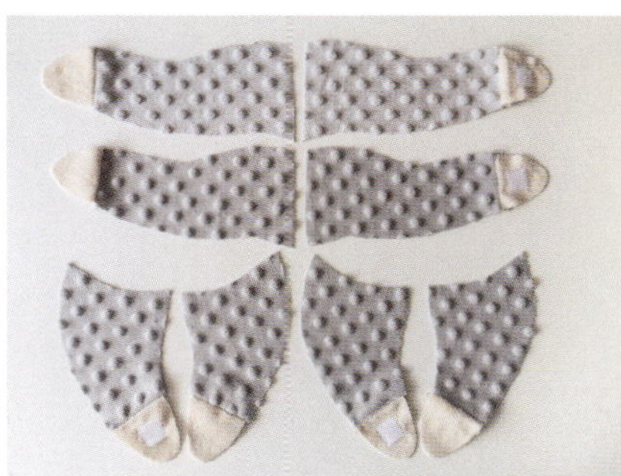

16 Réalisez la pose du ruban auto-agrippant : positionnez-le centré à 2 cm du bord arrondi du tissu « griffes » des bras de droite (velours et crochet) et des pattes de gauche (velours et crochet). Cousez son contour au point droit à 2 mm du bord.

17 Réalisez les bras et les pattes : placez du papier de soie sur le ruban auto-agrippant crochet pour éviter qu'il ne s'accroche au tissu.

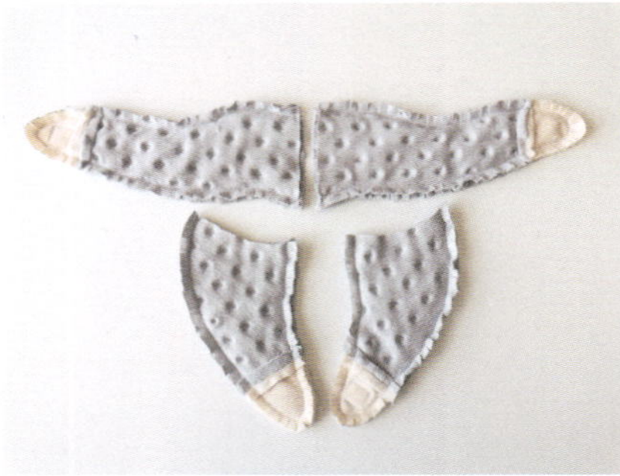

18 Superposez les tissus, endroit contre endroit. Cousez le contour des bras et des pattes à 1 cm du bord en laissant la longueur du haut ouverte pour ensuite retourner l'ouvrage sur l'endroit. Coupez le surplus de tissu à 0,5 cm du bord uniquement sur les griffes (partie étroite). Crantez les bords arrondis.

19 Retournez les bras et les pattes sur l'endroit par l'ouverture. Repoussez les bords.

20 Réalisez les séparations des griffes : cousez deux largeurs sur les griffes pour former les trois griffes des bras et des pattes avec une couture au point droit à l'endroit indiqué sur le patron.

21 Rembourrez les bras et les pattes avec de la ouate (les griffes restent non rembourrées). Fermez l'ouverture avec une couture à 0,5 cm du bord.

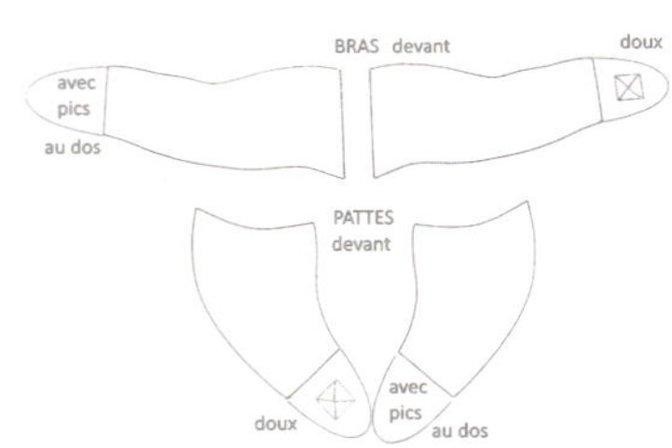

22 Sur la partie « devant » du paresseux, placez, endroit contre endroit, les bras et les pattes sur les repères indiqués sur le patron en prenant soin de faire correspondre les rubans auto-agrippants pour obtenir l'attache finale. Épinglez. Faites une couture à 0,5 cm du bord pour maintenir ces parties. Vérifiez le bon placement des pattes ainsi que l'alignement des bras pour une jolie finition.

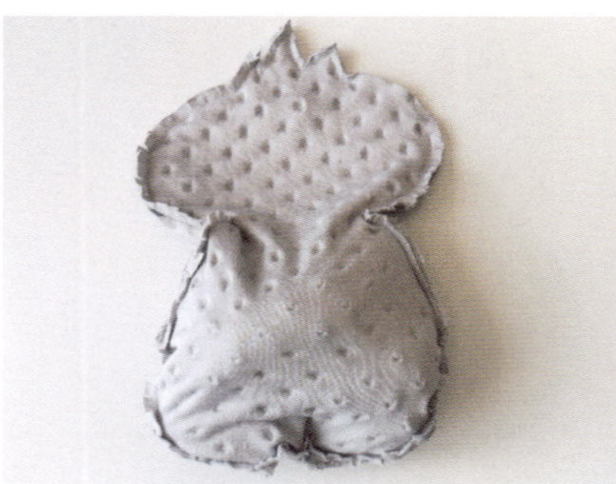

23 Superposez les parties « devant » et « dos » du paresseux, endroit contre endroit. Épinglez. Cousez le contour du paresseux à 1 cm du bord en laissant une ouverture de 7 cm sur le haut de la tête pour ensuite retourner l'ouvrage sur l'endroit. Dégarnissez les pointes et les angles. Crantez les bords arrondis.

24 Retournez votre joli paresseux sur l'endroit par l'ouverture. Repoussez les bords.

25 Rembourrez la tête et le corps avec de la ouate. Fermez l'ouverture avec une couture à la main, au point invisible, en réalisant un aller-retour pour garantir une sécurité optimale.

ZAM
Le crocodile

La grande bouche et les grandes dents de Zam le crocodile mangeront les peurs de vos enfants et leur feront de gros bisous tout doux. En plus de ça, il est croc croc mignon !

PIÈCES À DÉCOUPER (Longueur x largeur)

Pour la partie « tête et corps »
- Tissu Minky « devant » : 39 cm x 44,5 cm
- Tissu coton imprimé « dos » : 39 cm x 44,5 cm

Pour le ventre
- Tissu Minky ras écru : 11 cm x 28 cm

Pour les bras
- Tissu Minky : 4 fois 9 cm x 9 cm

Pour les pattes
- Tissu Minky : 4 fois 7 cm x 9 cm

Pour les 6 écailles
- Tissu blanc velours ou polaire ou Minky ras : 12 fois 6 cm x 4,5 cm

Et aussi
- Yeux en feutrine blanche : 2 fois 2 cm x 2 cm
- Pupilles en feutrine noire : 2 fois 1 cm x 1 cm
- Dents en feutrine blanche : 4 fois 2 cm x 2 cm
- Naseaux en feutrine grise : 2 fois 1,5 cm x 2 cm
- Ouate de rembourrage

COUPE

Découpez les gabarits en miroir.

Dimensions finales de la peluche : 37 cm x 48 cm.

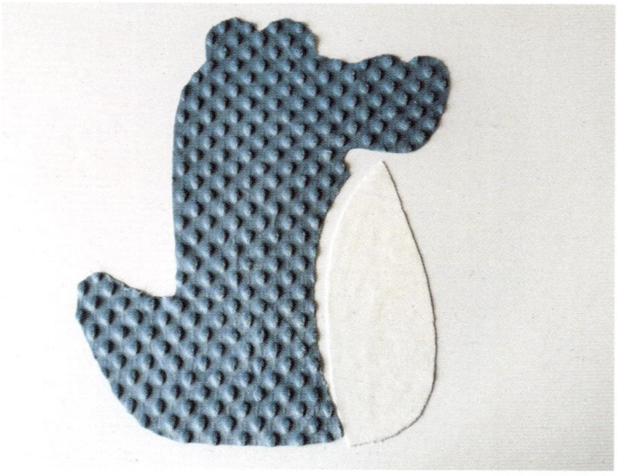

Devant du crocodile

Dos du crocodile

PAS À PAS

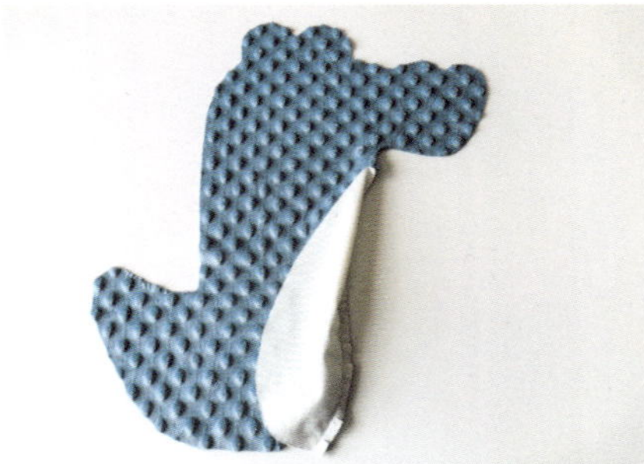

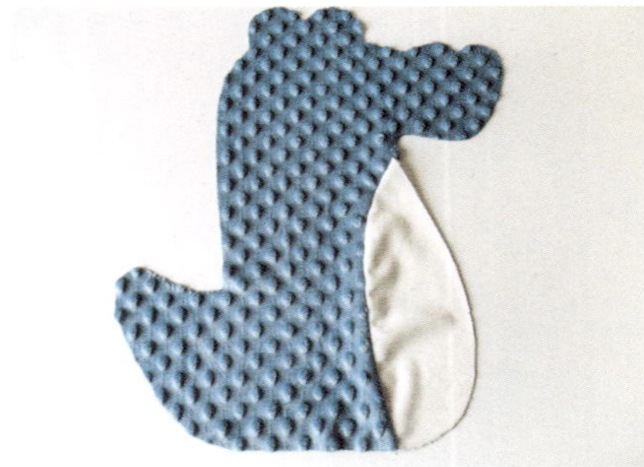

1 Réalisez le ventre du crocodile : superposez la largeur la moins arrondie du ventre sur la largeur du corps « côté ventre » du crocodile, endroit contre endroit. Épinglez. Cousez cette largeur à 1 cm du bord. Ouvrez et aplatissez la couture. Crantez le bord arrondi.

2 Tracez trois traits sur le ventre aux emplacements indiqués sur le patron. Cousez sur ces tracés, au point droit avec du fil gris ou bleu. Effacez le stylo avec la chaleur d'un sèche-cheveux.

3 Réalisez la tête du crocodile : sur l'endroit du tissu Minky « devant », positionnez les yeux et les naseaux aux emplacements indiqués sur le patron. Cousez leur contour au point droit à 2 mm du bord. Placez la pupille sur le haut de l'œil et cousez-la au plus près du bord.

4 Dessinez la bouche du crocodile et cousez sur le tracé au point zigzag très serré avec du fil noir. Positionnez les dents du crocodile au-dessus et au-dessous de la bouche, aux emplacements indiqués sur le patron. Cousez leur contour au point droit, à 2 mm du bord.

5 Réalisez les bras et les pattes : superposez les tissus, endroit contre endroit. Cousez le contour des bras et des pattes à 1 cm du bord en laissant la longueur du haut ouverte pour ensuite retourner l'ouvrage sur l'endroit. Coupez le surplus de tissu à 0,5 cm du bord. Crantez les bords arrondis et les angles.

6 Retournez les bras et les pattes sur l'endroit. Repoussez les bords. Fermez l'ouverture avec une couture à 0,5 cm du bord.

7 Réalisez les écailles du dos et de la queue : superposez les tissus, endroit contre endroit. Épinglez. Cousez le contour de l'écaille à 1 cm du bord en laissant la longueur du bas ouverte pour ensuite retourner l'ouvrage sur l'endroit. Crantez le bord arrondi et coupez le surplus de tissu à 0,5 cm du bord.

8 Retournez les écailles sur l'endroit. Repoussez les bords. Fermez l'ouverture avec une couture à 0,5 cm du bord.

9 Sur la partie « devant » du crocodile, placez, endroit contre endroit, les bras et les pattes sur les repères indiqués sur le patron. Épinglez. Faites une couture à 0,5 cm du bord pour maintenir ces parties. Vérifiez le bon placement des pattes ainsi que l'alignement des bras pour une jolie finition.

10 Positionnez les écailles sur le dos du crocodile, sur les repères indiqués sur le patron. Épinglez. Faites une couture à 0,5 cm du bord pour maintenir ces parties.

11 Superposez les parties « devant » et « dos » du crocodile, endroit contre endroit. Épinglez. Cousez le contour du crocodile à 1 cm du bord en laissant une ouverture de 10 cm sur le bas de la queue pour ensuite retourner l'ouvrage sur l'endroit. Crantez les bords arrondis.

12 Retournez votre joli crocodile sur l'endroit par l'ouverture. Repoussez les bords. Rembourrez celui-ci avec de la ouate. Fermez l'ouverture avec une couture à la main au point invisible, en réalisant un aller-retour pour garantir une sécurité optimale.

LES KOALOVE

Autour de son cou ou accrochés à la cime des arbres, ces petits koalas sont de vrais inséparables qui pourront agrémenter les jeux de vos enfants. Et puis, raconter ses petits secrets à la maman koala en se mettant dans la peau de son bébé peut aussi être libérateur.

PIÈCES À DÉCOUPER (Longueur x largeur)

Peluche adulte

Pour le devant de la tête

- Tissu Minky : 23 cm x 18,5 cm

Pour le dos du corps

- Tissu Minky : 23 cm x 36 cm

Pour le devant du bas du corps

- Tissu coton imprimé : 23 cm x 20 cm

Pour les oreilles

- Tissu coton imprimé : 4 fois 10 cm x 14,5 cm
- Feutrine ou simili cuir de couleur pour l'intérieur des oreilles : 6 cm x 3,5 cm

Pour les bras

- Tissu coton imprimé : 4 fois 16 cm x 14 cm

Pour les pattes

- Tissu coton imprimé : 4 fois 8,5 cm x 10,5 cm

Pour le visage

- Yeux en feutrine ou simili cuir noir : 2 fois 1,5 cm x 2 cm
- Nez en feutrine ou simili cuir noir : 5 cm x 5,5 cm
- Joues en feutrine ou simili cuir rose : 2 fois 2,5 cm x 2,5 cm

Et aussi

- Ongles en feutrine noire : 12 fois 1,5 cm x 3 cm
- Ruban auto-agrippant velours et crochet : 2 cm x 2 cm
- Ouate de rembourrage

COUPE

Découpez les gabarits en miroir.

Dimensions finales de la peluche adulte : 48 cm x 43 cm.

PAS À PAS DU KOALA ADULTE

1 Réalisez la tête du koala : sur l'endroit du tissu Minky, positionnez le museau, les yeux et les joues aux emplacements indiqués sur le patron. Cousez leur contour au point droit au plus près du bord. Tracez la bouche et cousez sur ce tracé au point droit avec du fil noir.

2 Réalisez l'intérieur des oreilles : sur l'endroit des tissus « devant » de l'oreille, positionnez l'envers du simili « intérieur de l'oreille » à l'endroit indiqué sur le patron. L'endroit du simili se trouve face à vous. Cousez son contour au point droit à 2 mm du bord.

3 Réalisez les oreilles : superposez les tissus, endroit contre endroit. Épinglez. Cousez le contour des oreilles à 1 cm du bord en laissant la largeur ouverte pour ensuite retourner l'ouvrage sur l'endroit. Dégarnissez les angles et les pointes. Coupez le surplus de tissu à 0,5 cm du bord. Crantez les bords arrondis.

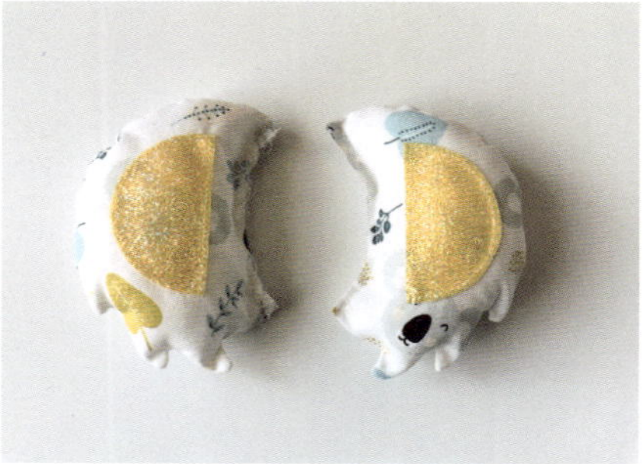

4 Retournez les oreilles sur l'endroit par l'ouverture. Repoussez les bords. Rembourrez les oreilles avec de la ouate. Fermez l'ouverture avec une couture à 0,5 cm du bord.

5 Réalisez les bras : sur l'endroit des tissus « bras droit », placez le ruban auto-agrippant (un velours et un crochet) centré à 2 cm du bord arrondi. Cousez son contour au point droit à 2 mm du bord.

6 Tracez un trait sur la largeur du bord arrondi, au bord du ruban auto-agrippant, sur l'endroit indiqué sur le patron.

7 Sur les bords arrondis des tissus « bras droit », positionnez trois ongles aux endroits indiqués sur le patron, la pointe vers l'intérieur et cousez-les à 2 mm du bord pour les maintenir.

8 Superposez les tissus, endroit contre endroit. Cousez le contour des bras à 1 cm du bord en laissant la largeur ouverte pour ensuite retourner l'ouvrage sur l'endroit. Coupez le surplus de tissu à 0,5 cm du bord. Crantez les bords arrondis.

9 Retournez les bras sur l'endroit par l'ouverture. Repoussez les bords. Cousez sur le tracé du bord arrondi (étape 6) pour délimiter la main non rembourrée afin de faciliter l'attache. Repassez sur le trait pour effacer le stylo. Rembourrez les bras avec de la ouate. Fermez l'ouverture avec une couture à 0,5 cm du bord.

10 Réalisez les pattes : sur l'endroit des tissus « devant », positionnez trois ongles sur les bords arrondis, la pointe vers l'intérieur et aux endroits indiqués sur le patron. Cousez-les à 2 mm du bord pour les maintenir.

11 Superposez les tissus, endroit contre endroit. Cousez le contour des pattes à 1 cm du bord en laissant la longueur du haut ouverte pour ensuite retourner l'ouvrage sur l'endroit. Coupez le surplus de tissu à 0,5 cm du bord. Crantez les bords arrondis.

12 Retournez les pattes sur l'endroit par l'ouverture. Repoussez les bords. Rembourrez les pattes avec de la ouate. Fermez l'ouverture avec une couture à 0,5 cm du bord.

13 Réalisez la partie « devant » du koala : placez la longueur du bas du tissu Minky « tête » sur la longueur du haut du tissu « devant du bas du corps », endroit contre endroit et sur les repères indiqués sur le patron. Épinglez la longueur du cou en commençant par les repères du milieu. Cousez cette longueur à 1 cm du bord.

14 Ouvrez et aplatissez la couture. Crantez cette longueur arrondie.

15 Sur la partie « devant » du koala, positionnez, endroit contre endroit, les oreilles, les bras et les pattes sur les repères indiqués sur le patron. Épinglez. Faites une couture à 0,5 cm du bord pour maintenir ces parties.

16 Vérifiez le bon placement des oreilles et des pattes ainsi que l'alignement des bras pour une jolie finition.

17 Superposez les parties « devant » et « dos » du koala, endroit contre endroit. Épinglez le contour du koala en commençant par épingler les repères du milieu du haut de la tête et du bas du corps puis au niveau du cou.

18 Cousez le contour du koala à 1 cm du bord en laissant une ouverture de 8 cm centrée sur le haut de la tête (l'espace situé entre les oreilles) pour ensuite retourner l'ouvrage sur l'endroit. Crantez les angles du cou et les bords arrondis.

19 Retournez votre joli koala sur l'endroit par l'ouverture.

20 Rembourrez le koala avec de la ouate par l'ouverture centrale du haut de la tête. Fermez l'ouverture avec une couture à la main, au point invisible, en réalisant un aller-retour pour garantir une sécurité optimale.

PIÈCES À DÉCOUPER (Longueur x largeur)

Peluche enfant

Pour le devant de la tête

- Tissu Minky : 17,5 cm x 14 cm

Pour le dos du corps

- Tissu Minky : 17,5 cm x 28,5 cm

Pour le devant du bas du corps

- Tissu coton imprimé : 16,5 cm x 17 cm

Pour les oreilles

- Tissu coton imprimé : 4 fois 9 cm x 13 cm
- Feutrine ou simili cuir de couleur pour l'intérieur des oreilles : 3 cm x 5,5 cm

Pour les bras

- Tissu coton imprimé : 4 fois 17 cm x 11,5 cm

Pour les pattes

- Tissu coton imprimé : 4 fois 6,5 cm x 9 cm

Pour le visage

- Yeux en feutrine ou simili cuir noir : 2 fois 1,5 cm x 2 cm
- Nez en feutrine ou simili cuir noir : 3,5 cm x 3,5 cm
- Joues en feutrine ou simili cuir rose : 2 fois 1,5 cm x 1,5 cm

Et aussi

- Ongles en feutrine noire : 12 fois 1 cm x 2,5 cm
- Ruban auto-agrippant velours et crochet : 2 cm x 2 cm
- Ouate de rembourrage

COUPE

Découpez les gabarits en miroir.

Dimensions finales de la peluche enfant : 38 cm x 33 cm.

PAS À PAS DU KOALA ENFANT

Pour réaliser la peluche enfant, reproduisez les étapes de la peluche adulte en modifiant les dimensions des gabarits.

LA FANTINE
Family

Vous ne vous êtes pas tromp'é, cette famille en'phantine est un super jeu pour élaborer le jeu symbolique de vos petits. Ils pourront créer des scénarios, des dialogues, voire jouer à « papa-maman » avec ces éléphants en joignant éventuellement des objets extérieurs (un biberon, une cuillère, un téléphone, etc.). Cette maman en'phantine a les oreilles idéales pour que ses petits y murmurent leurs petites peurs. Et si votre enfant faisait la même chose ?

PIÈCES À DÉCOUPER (Longueur x largeur)

Peluche adulte

Pour le devant « tête et corps »
- Tissu Minky : 27,5 cm x 14,5 cm

Pour le dos
- Tissu Minky : 30 cm x 34 cm

Pour la poche
- Tissu coton imprimé : 2 fois 29 cm x 22 cm

Pour les oreilles
- Tissu Minky : 4 fois 14 cm x 20 cm

Pour les bras
- Tissu Minky : 4 fois 10 cm x 10 cm

Pour le visage
- Yeux en feutrine noire : 2 fois 1,5 cm x 2 cm
- Joues en feutrine rose : 2 fois 2,5 cm x 2,5 cm
- Trompe en feutrine blanche : 9,5 cm x 7 cm

Et aussi
- Queue en feutrine blanche : 7 cm x 5,5 cm
- Ongles en feutrine blanche : 10 fois 2 cm x 2,5 cm
- Ouate de rembourrage

Peluche bébé
Voir p. 54.

Peluche enfant
Voir p. 56.

COUPE
Découpez les gabarits en miroir.

Dimensions finales de l'éléphant adulte : 27 cm x 35 cm sans les bras ni les oreilles.

PAS À PAS DE L'ÉLÉPHANT ADULTE

1 Réalisez la tête de l'éléphant : sur l'endroit du tissu Minky, placez la trompe, les yeux et les joues aux endroits indiqués sur le patron. Épinglez. Cousez leur contour au point droit à 2 mm du bord. Sur la trompe de l'éléphant, tracez et cousez trois traits avec du fil gris pour représenter les plis de la trompe. Cousez le reflet des yeux avec du fil blanc au point zigzag très serré par allers-retours.

2 Réalisez les oreilles : superposez les tissus, endroit contre endroit. Épinglez. Cousez le contour des oreilles à 1 cm du bord en laissant la largeur ouverte pour ensuite retourner l'ouvrage sur l'endroit. Crantez les bords arrondis.

3 Retournez les oreilles sur l'endroit par l'ouverture. Repoussez les bords. Ramenez les extrémités du haut sur 2 cm vers le bas. Pincez. Fermez l'ouverture avec une couture à 0,5 cm du bord.

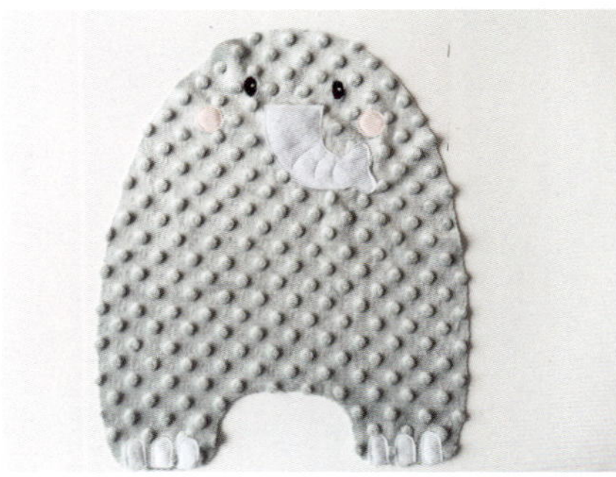

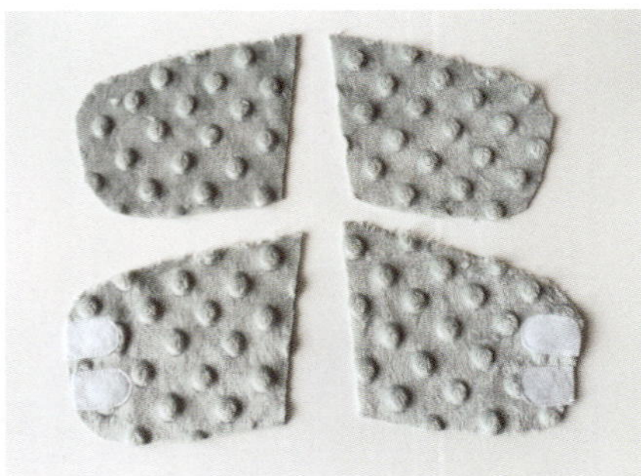

4 Réalisez les ongles sur les bras et sur les pattes : sur l'endroit du tissu « devant » des bras et sur l'endroit du tissu « devant » du corps, positionnez les ongles comme indiqué sur le patron. Épinglez. Cousez le contour de chaque ongle au point droit à 2 mm du bord. Ne cousez pas la longueur du bas.

5 Réalisez les bras : superposez les tissus, endroit contre endroit. Épinglez. Cousez le contour des bras à 1 cm du bord en laissant la largeur ouverte pour ensuite retourner l'ouvrage sur l'endroit. Coupez le surplus de tissu à 0,5 cm du bord. Crantez les bords arrondis.

6 Retournez les bras sur l'endroit par l'ouverture. Repoussez les bords. Rembourrez les bras avec de la ouate. Fermez l'ouverture avec une couture à 0,5 cm du bord.

7 Réalisez la poche : superposez les tissus, endroit contre endroit. Épinglez. Cousez les deux longueurs à 1 cm du bord.

8 Retournez la poche sur l'endroit. Repassez pour aplatir les coutures.
Facultatif : surpiquez la longueur du haut à 0,5 cm du bord.

9 Réalisez la partie « devant » de l'éléphant : placez la poche à 2 cm du bas de l'entrejambe. Épinglez. Cousez le contour de la poche à 0,5 cm du bord en laissant la longueur du haut ouverte.

10 Sur la partie « devant » de l'éléphant, placez, endroit contre endroit, les oreilles et les bras sur les repères indiqués sur le patron. Épinglez. Les bras sont positionnés au bord de la longueur du haut du tissu « poche ». Faites une couture à 0,5 cm du bord pour maintenir ces parties.

11 Vérifiez le bon placement des oreilles ainsi que l'alignement des bras pour une jolie finition.

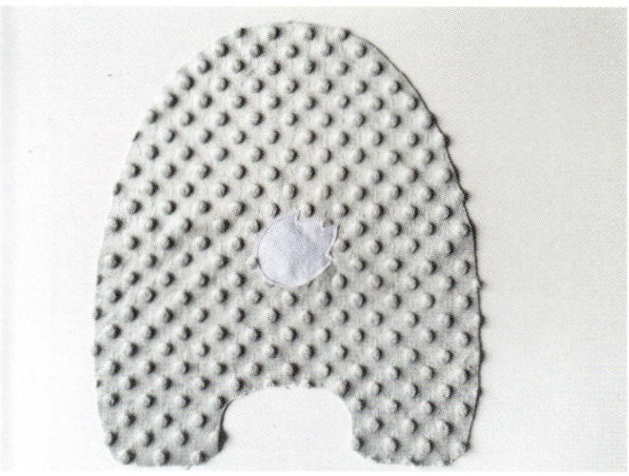

12 Réalisez la queue de l'éléphant : positionnez la queue centrée sur le bas du dos. Épinglez. Cousez le contour de la queue à 2 mm du bord.

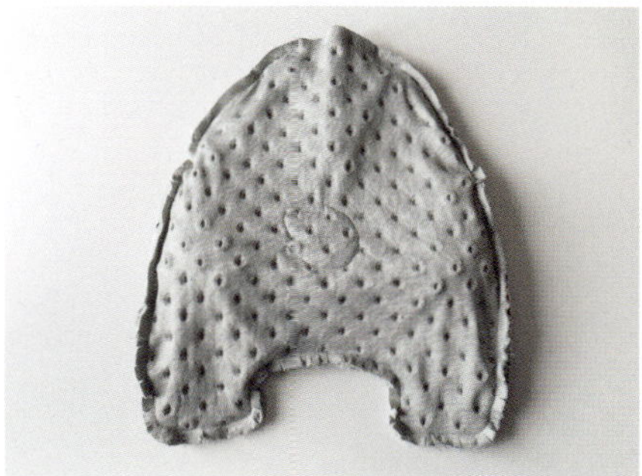

13 Superposez les parties « devant » et « dos » de l'éléphant, endroit contre endroit. Épinglez. Cousez le contour de l'éléphant à 1 cm du bord en laissant une ouverture de 7,5 cm centrée sur le haut de la tête pour ensuite retourner l'ouvrage sur l'endroit. Crantez les bords arrondis.

14 Retournez votre joli éléphant sur l'endroit par l'ouverture. Repoussez les bords.

15 Rembourrez l'éléphant avec de la ouate. Fermez l'ouverture avec une couture à la main, au point invisible, en réalisant un aller-retour pour garantir une sécurité optimale.

PIÈCES À DÉCOUPER (Longueur x largeur)

Peluche bébé

Pour la tête

- Tissu Minky : 18,5 cm x 10,5 cm

Pour le bas du corps « devant »

- Tissu coton imprimé : 19 cm x 13,5 cm

Pour le dos

- Tissu Minky : 19 cm x 22 cm

Pour les oreilles

- Tissu Minky : 4 fois 9 cm x 13 cm

Pour les bras

- Tissu Minky : 4 fois 7,5 cm x 5,5 cm

Pour le visage

- Yeux en feutrine noire : 2 fois 1 cm x 1,5 cm
- Joues en feutrine rose : 2 fois 1,5 cm x 1,5 cm
- Trompe en feutrine blanche : 6 cm x 4,5 cm

Et aussi

- Queue en feutrine blanche : 5 cm x 4 cm
- Ongles en feutrine blanche : 10 fois 1,5 cm x 2,5 cm
- Ouate de rembourrage

COUPE

Découpez les gabarits en miroir.

Dimensions finales de l'éléphant bébé : 17 cm x 23 cm sans les bras ni les oreilles.

PAS À PAS DE L'ÉLÉPHANT BÉBÉ

1 Réalisez la tête de l'éléphant : reproduisez l'étape 1 de l'éléphant adulte.

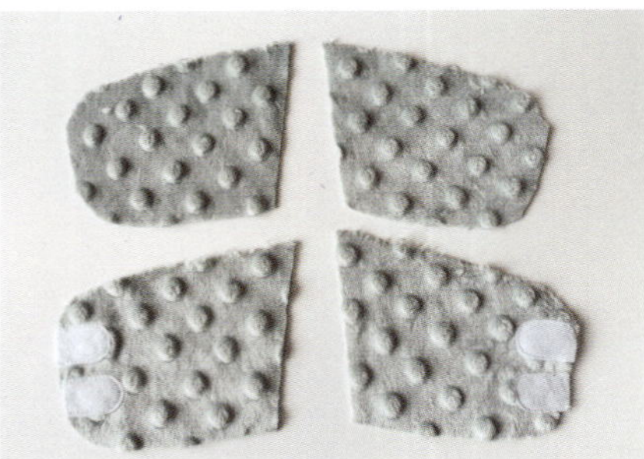

2 Réalisez les ongles sur les bras et sur les pattes : sur l'endroit du tissu « devant » des bras et sur l'endroit du tissu « devant » du bas du corps, positionnez les ongles aux endroits indiqués sur le patron. Épinglez. Cousez le contour de chaque ongle au point droit à 2 mm du bord. Ne cousez pas la longueur du bas.

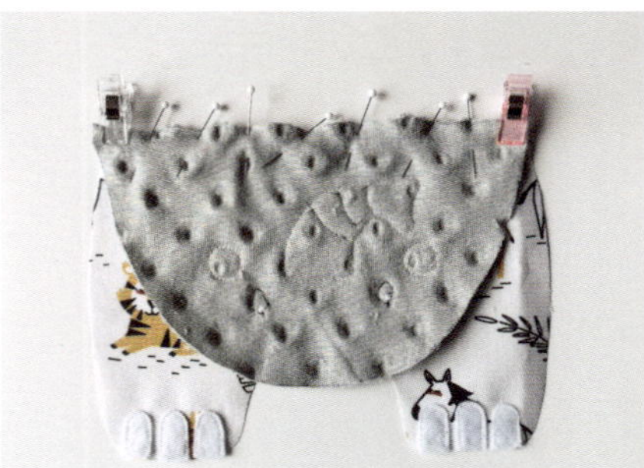

3 Superposez la longueur du bas de la tête sur la longueur du haut du « bas du corps », endroit contre endroit. Épinglez. Cousez cette longueur à 1 cm du bord.

4 Ouvrez et aplatissez la couture.

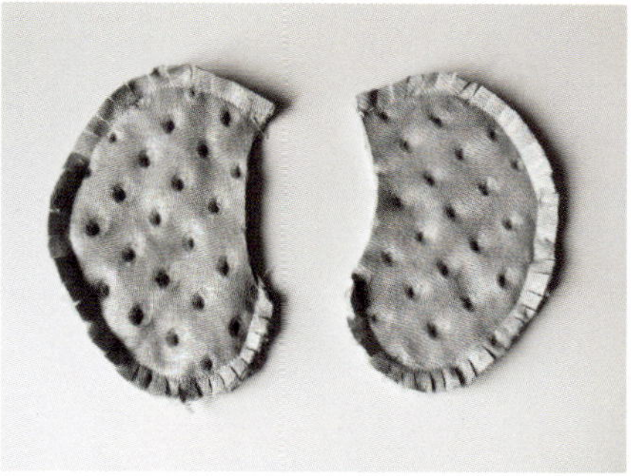

5 Réalisez les oreilles : reproduisez les étapes 2 et 3 de l'éléphant adulte.

6 Réalisez les bras : reproduisez les étapes 5 et 6 de l'éléphant adulte.

7 Reproduisez les étapes 10 et 11 de l'éléphant adulte.

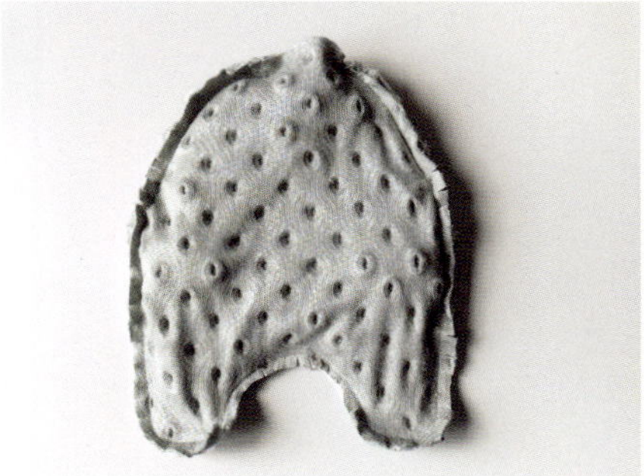

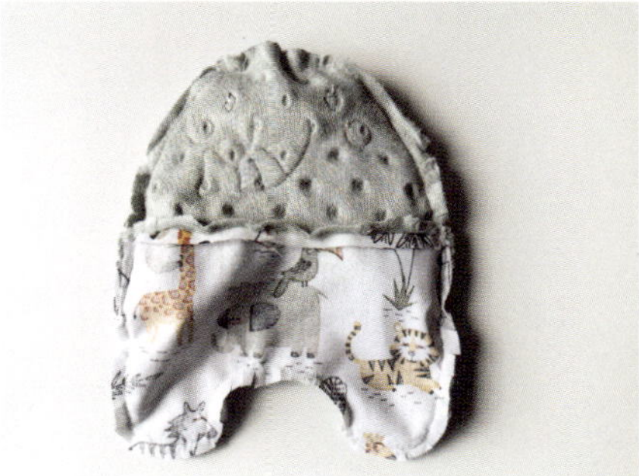

8 Reproduisez l'étape 13 de l'éléphant adulte, en laissant une ouverture de 5 cm centrée sur le haut de la tête.

9 Reproduisez les étapes 14 et 15 de l'éléphant adulte. L'éléphanteau se range dans la poche située sur le devant de l'éléphante.

PIÈCES À DÉCOUPER (Longueur x largeur)

Peluche enfant

Pour la tête

- Tissu Minky : 20,5 cm x 12 cm

Pour le bas du corps « devant »

- Tissu coton imprimé : 21,5 cm x 15 cm

Pour le dos

- Tissu Minky : 21,5 cm x 25 cm

Pour les oreilles

- Tissu Minky : 4 fois 10 cm x 10 cm

Pour les bras

- Tissu Minky : 4 fois 7,5 cm x 7,5 cm

Pour le visage

- Yeux en feutrine noire : 2 fois 1 cm x 1,5 cm
- Trompe en feutrine blanche : 7 cm x 5,5 cm
- Joues en feutrine rose : 2 fois 2 cm x 2 cm

Et aussi

- Queue en feutrine blanche : 5,5 cm x 4,5 cm
- Ongles en feutrine blanche : 10 fois 1,5 cm x 2,5 cm
- Ouate de rembourrage

COUPE

Découpez les gabarits en miroir.

Dimensions finales de l'éléphant enfant : 20 cm x 25 cm sans les bras ni les oreilles.

PAS À PAS DE L'ÉLÉPHANT ENFANT

Reproduisez le pas-à-pas de la peluche éléphant enfant, en laissant une ouverture de 6,5 cm centrée sur la haut de la tête.

WOOF

Le chien magicien

Le mot de l'orthophoniste

Ce tunnel sensoriel nomade se manipule avec des balles sensorielles*. Il permet d'acquérir la théorie de l'esprit qui consiste à comprendre que la balle existe toujours lorsqu'elle n'est plus visible.

La manipulation des balles améliore la préhension manuelle et éveille sensoriellement votre enfant sur les canaux tactile et auditif.

Un apprentissage des couleurs peut également être proposé en utilisant des balles de différents coloris. Dans ce cas, il suffit de demander à votre enfant de sélectionner la balle à mettre dans le tunnel parmi plusieurs, selon le critère donné.

*Si vous n'avez pas de balle sensorielle, pas de souci. N'oublions pas que Woof est un grand gourmet ! Il engloutit tous les objets que votre enfant manipule : des cubes de construction aux petites voitures en passant par les figurines.

PIÈCES À DÉCOUPER (Longueur x largeur)

Ce projet est idéal pour utiliser ses chutes de tissus.

Pour le corps du tunnel

- 2 fois 5 rectangles de 13 cm x 17 cm dans 4 tissus de différentes textures (éponge de bambou - Minky - éponge nid d'abeilles - coton)

Pour la tête (haut du tunnel)

- Tissu coton : 2 fois 13 cm x 14,5 cm

Pour l'extrémité du tunnel côté queue (bas du tunnel)

- Tissu coton : 2 fois 13 cm x 12 cm

Pour la langue

- Tissu coton uni rose : 2 fois 6,5 cm x 10 cm

Pour les oreilles

- Tissu coton : 4 fois 10 cm x 17 cm

Pour la queue

- Tissu coton : 2 fois 9 cm x 19 cm

Pour le visage

- Yeux en feutrine noire : 2 fois 2 cm x 2,5 cm
- Pupilles en feutrine blanche : 2 fois 1 cm x 1 cm
- Truffe en feutrine noire : 6,5 cm x 4,5 cm

Et aussi

- Ruban auto-agrippant velours et crochet : 2 fois 3 cm x 2 cm
- Biais : 25 cm x 2 cm
- Toile thermocollante : 2 fois 3 cm x 3 cm
- 2 boutons pressions

COUPE

Découpez les gabarits en miroir.

Dimensions finales du tunnel : 1 m x 11 cm

PAS À PAS

1 Réalisez la tête du chien : sur l'endroit du tissu « devant de la tête », placez les yeux et la truffe aux endroits indiqués sur le patron. Épinglez.

2 Cousez le contour des yeux et de la truffe au point droit à 2 mm du bord. Placez la pupille sur l'œil et cousez-la au plus près du bord. Cousez avec du fil noir une verticale d'1 cm, centrée sous le bas de la truffe, au point droit en réalisant un aller-retour.

3 Réalisez les oreilles : sur l'envers de deux tissus « oreilles », thermocollez l'arrondi centré à 2 cm du bord. Cette étape permet de consolider le tissu sur le futur emplacement des pressions.

4 Superposez les tissus, endroit contre endroit. Épinglez. Cousez le contour des oreilles à 1 cm du bord en laissant la longueur du haut ouverte pour ensuite retourner l'ouvrage sur l'endroit. Coupez le surplus de tissu à 0,5 cm du bord. Crantez les bords arrondis.

5 Retournez les oreilles sur l'endroit par l'ouverture. Repoussez les bords. Repassez pour aplatir les coutures.

6 Réalisez la queue : Posez le ruban auto-agrippant velours sur l'endroit du tissu « dos de la queue », centré à 3 cm du bord arrondi. Cousez le contour du ruban auto-agrippant à 2 mm du bord.

7 Superposez les tissus, endroit contre endroit. Épinglez. Cousez le contour de la queue à 1 cm du bord en laissant la longueur non arrondie ouverte pour ensuite retourner l'ouvrage sur l'endroit. Coupez le surplus de tissu à 0,5 cm du bord. Dégarnissez la pointe et crantez les bords arrondis.

8 Retournez la queue sur l'endroit par l'ouverture. Repoussez les bords.

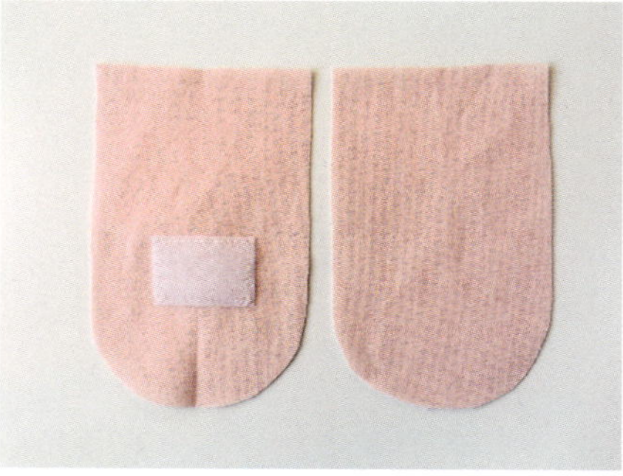

9 Réalisez la langue : posez le ruban auto-agrippant sur l'endroit du tissu « dessous de la langue ». Centrez le côté velours à 3 cm du bord arrondi. Cousez le contour du ruban auto-agrippant à 2 mm du bord.

10 Superposez les tissus, endroit contre endroit. Épinglez. Cousez le contour de la langue à 1 cm du bord en laissant la longueur du haut ouverte pour ensuite retourner l'ouvrage sur l'endroit. Coupez le surplus de tissu à 0,5 cm du bord. Crantez les bords arrondis.

11 Retournez la langue sur l'endroit par l'ouverture. Repoussez les bords. Pliez la langue en deux sur la largeur pour marquer le pli du milieu. Sur l'endroit du tissu « dessus de la langue », cousez au point droit sur ce pli.

12 Assemblez les parties « oreilles » et « langue » sur l'endroit de la tête du chien : positionnez le dessous des oreilles, endroit contre endroit, sur la longueur du haut de la tête, à 2,5 cm des largeurs. Épinglez. Faites une couture à 0,5 cm du bord pour les maintenir.

13 Positionnez le dessus de la langue vers l'intérieur, endroit contre endroit, centrée sur la longueur du bas de la tête. Épinglez. Faites une couture à 0,5 cm du bord pour la maintenir.

14 Positionnez le dos de la queue, endroit contre endroit, centrée sur la longueur du haut du tissu « extrémité du tunnel ». Épinglez. Faites une couture à 0,5 cm du bord pour la maintenir.

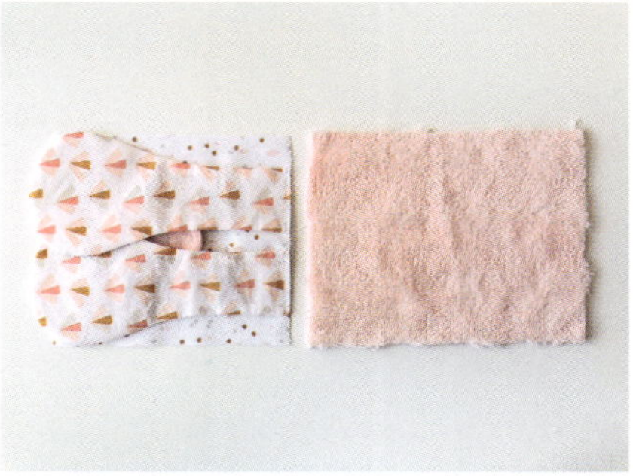

15 Réalisez le « devant » du tunnel : assemblez les rectangles « tête – corps – extrémité du tunnel » en alternant un tissu coton avec un tissu texturé.

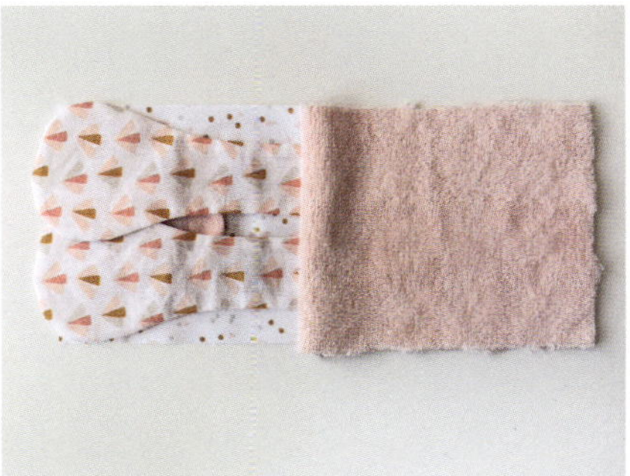

16 Placez les tissus, endroit contre endroit. Épinglez la longueur du bas. Cousez cette longueur à 1 cm du bord. Ouvrez les tissus. Commencez en superposant un tissu texturé sur le tissu coton « devant de la tête ».

Et ainsi de suite...

Et ainsi de suite...

Finissez par le tissu « extrémité du tunnel » avec la queue.

Voici le résultat final avec les parties « devant » du corps assemblées.

17 Réalisez le « dos » du tunnel : assemblez les tissus dans le même ordre que pour la réalisation du « devant » du tunnel. Placez les tissus, endroit contre endroit. Épinglez la longueur du bas. Cousez cette longueur à 1 cm du bord. Ouvrez les tissus.

Et ainsi de suite...

Et ainsi de suite...

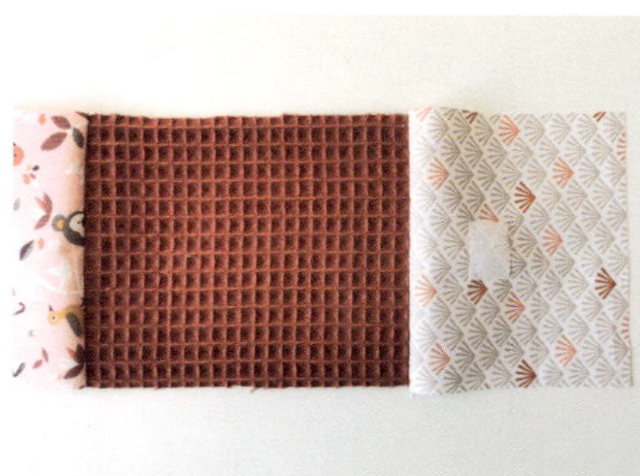

Terminez par le tissu « extrémité du tunnel ».

18 Les parties « devant » et « dos » du tunnel sont assemblées.

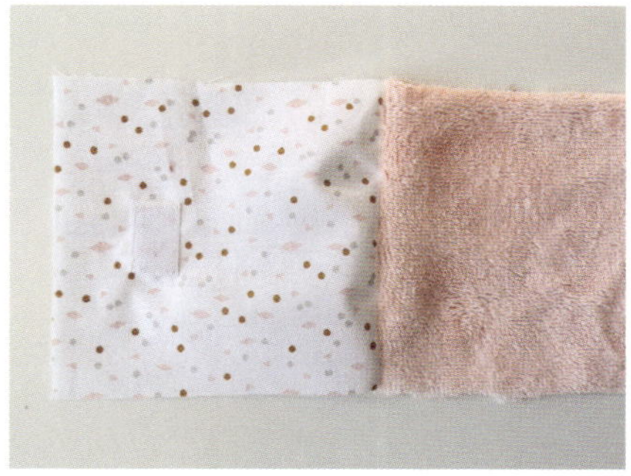

19 Surfilez les longueurs des tissus assemblés.
Attention : seules les longueurs des extrémités du tunnel restent non cousues (haut et bas du tunnel).

20 Posez le ruban auto-agrippant sur l'endroit du tissu dos « extrémité du tunnel côté queue » : centrez le côté crochet à 6 cm de la longueur du bas. Cousez le contour du ruban auto-agrippant à 2 mm du bord.

21 Posez le ruban auto-agrippant sur l'endroit du tissu « dos de la tête » ; centrez le côté crochet à 3 cm de la longueur du bas. Cousez le contour du ruban auto-agrippant à 2 mm du bord.

22 Assemblez les tissus « corps du tunnel » devant et dos, endroit contre endroit. Épinglez. L'endroit du tissu « devant de la tête » se trouve sur l'endroit du tissu « dos de la tête » et ainsi de suite. Cousez les deux largeurs à 1 cm du bord. Veillez à placer les marges de couture dans le sens opposé pour éviter une surépaisseur.

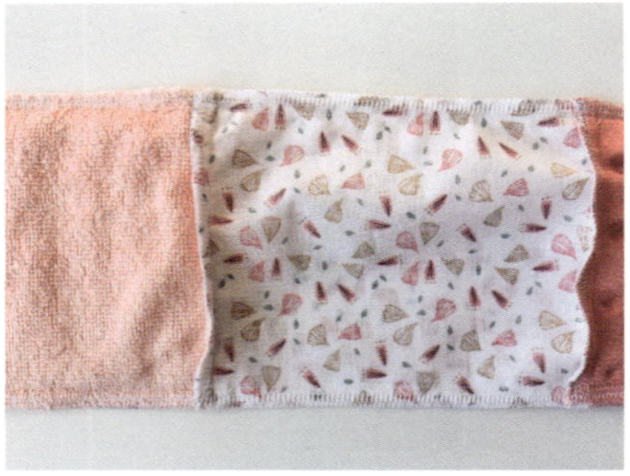
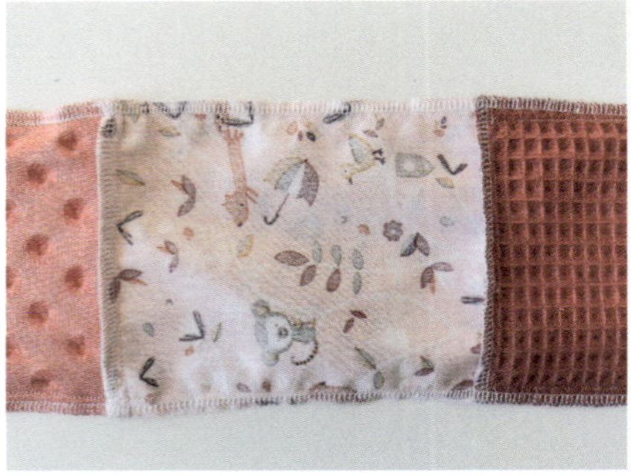

23 Surfilez les deux largeurs du tunnel.

24 Réalisez un ourlet d'1 cm sur le bas du tissu « extrémité du tunnel côté queue » : sur l'envers du tissu, pliez 1 cm puis repliez 1 cm. Épinglez. Cousez à 2 mm du bord intérieur de l'ourlet.

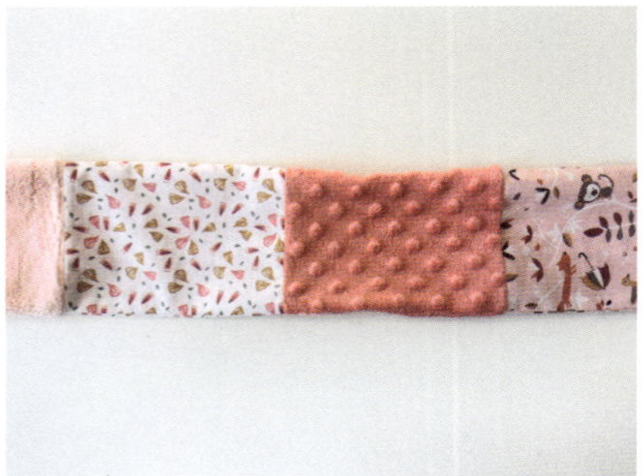
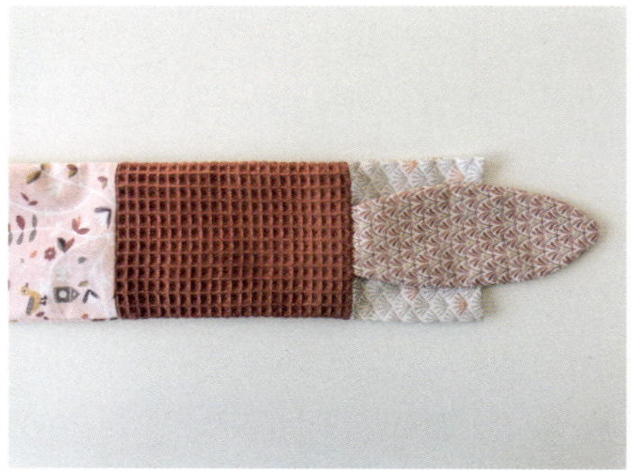

25 Retournez le tunnel sur l'endroit.

26 Réalisez la pose du biais sur la longueur du bas de la tête : ouvrez une longueur du biais. Repliez une largeur du biais sur 1 cm sur l'envers. Positionnez cette largeur pliée au centre du tissu « langue ».

27 Superposez la longueur ouverte du biais, bord à bord sur la longueur du bas de la tête, endroit contre endroit. Épinglez et cousez sur le pli du biais ouvert.

28 Ramenez le biais sur l'envers du tissu « tête ». Épinglez.

29 Positionnez la langue sur le bas. Pincez. Cousez à 3 mm du bord du biais (côté tissu). Cette étape permet de coudre la langue positionnée vers le bas pour imiter un chien qui sort sa langue.

30 La queue et la langue servent d'attache de fermeture pour le tunnel afin d'éviter le passage des objets qui se trouvent à l'intérieur.

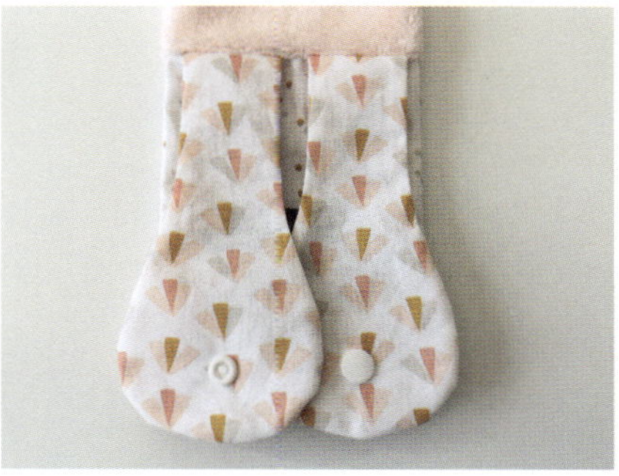

31 Réalisez la pose des pressions sur les oreilles, avec la pince Prym Love® : marquez un repère centré à 2,5 cm du bord arrondi. Percez les oreilles sur ce repère.

32 Sur le dessous de l'oreille gauche, placez le côté « mâle » de la pression dans le trou. Sur le dessus de l'oreille gauche, emboîtez la partie « femelle ». Appuyez fort avec la pince pour emboîter les parties entre elles. Procédez à l'inverse pour l'oreille droite : sur le dessus de l'oreille droite, placez le côté « mâle » de la pression dans le trou. Sur le dessous de l'oreille droite, emboîtez la partie « femelle ». Les extrémités sont fermées pour éviter le passage des objets qui se trouvent à l'intérieur du tunnel.

33 Vous pouvez rajouter une pression en forme d'étoile sur le haut de la truffe.

LES PELUCHES D'ÉVEIL

Le mot de l'orthophoniste

TROMPI
L'éléphant

Ce petit éléphant accompagne votre enfant dans le développement du vocabulaire des aliments. Pour préciser l'organisation lexicale, vous pouvez lui proposer de trier les aliments selon leur appartenance à la catégorie « légumes » ou « fruits ». Cet éléphant favorise aussi le développement de la morphosyntaxe (production de phrases). L'éléphant, les aliments et l'action de manger peuvent être signés ou pictographiés pour créer toutes les phrases possibles de manière multimodale. Finalement, votre enfant sera capable de construire des phrases structurées avec un sujet, un verbe et un complément, telles que « l'éléphant mange la pomme ». À un stade plus avancé, des adjectifs peuvent allonger la phrase produite : « L'éléphant mange la pomme rouge. »

Cette même peluche constitue un objet transitionnel, un outil de facilitation de la séparation entre votre enfant et vous-même. Pour lui donner cette vocation, il suffit d'insérer une photo de vous dans la poche de l'éléphant. Lorsque l'enfant sentira le besoin de retrouver ses parents à l'école, à la crèche ou chez l'assistante maternelle, il pourra se diriger vers sa peluche, regarder la photo, faire un bisou à la photo, etc.

Les différents tissus utilisés ajoutent des sollicitations sensorielles tactiles, et ses grandes oreilles donneront place aux meilleures parties de coucou-caché.

PIÈCES À DÉCOUPER (Longueur x largeur)

Pour la tête
- Tissu Minky « extérieur » : 27,5 cm x 14,5 cm
- Tissu coton imprimé* « doublure » : 27,5 cm x 14,5 cm

Pour le dos
- Tissu Minky « extérieur » : 30 cm x 34 cm
- Tissu coton imprimé* « doublure » : 2 fois 16 cm x 34 cm

Pour le bas du corps « devant »
- Tissu coton imprimé « extérieur » : 29 cm x 22 cm
- Tissu coton uni fin « doublure 1 » non visible à la fin : 29 cm x 22 cm
- Tissu coton imprimé* « doublure 2 » : 29 cm x 22 cm

Pour les oreilles
- Tissu Minky : 4 fois 14 cm x 20 cm

Pour les bras
- Tissu Minky : 4 fois 10 cm x 10 cm

Pour le visage
- Yeux en feutrine noire : 2 fois 1 cm x 2 cm
- Joues en feutrine rose : 2 fois 2,5 cm x 2,5 cm
- Trompe en feutrine blanche : 9,5 cm x 7 cm

Et aussi
- Cristal transparent 30/100 : 19,5 cm x 11,5 cm
- Ongles en feutrine blanche : 10 fois 2 cm x 2,5 cm
- Queue en feutrine blanche : 5,5 cm x 7 cm
- 1 fermeture Éclair : 30 cm
- Ouate de rembourrage

*Choisissez idéalement le même tissu pour obtenir une belle harmonie.

COUPE
Découpez les gabarits en miroir.

Dimensions finales de la peluche : 27 cm x 35 cm sans les bras ni les oreilles.

Facultatif : j'ai choisi de ne pas coudre de queue sur le dos de l'éléphant. Vous pouvez toutefois coudre une queue centrée sur le bas du dos, endroit du tissu Minky. Reportez-vous à la page 53 étape 12.

PAS À PAS

1 Réalisez la tête de l'éléphant : sur l'endroit du tissu Minky, placez la trompe, les yeux et les joues aux endroits indiqués sur le patron. Épinglez. Cousez leur contour au point droit à 2 mm du bord. Sur la trompe de l'éléphant, tracez et cousez trois traits avec du fil gris pour représenter les plis sur la trompe.

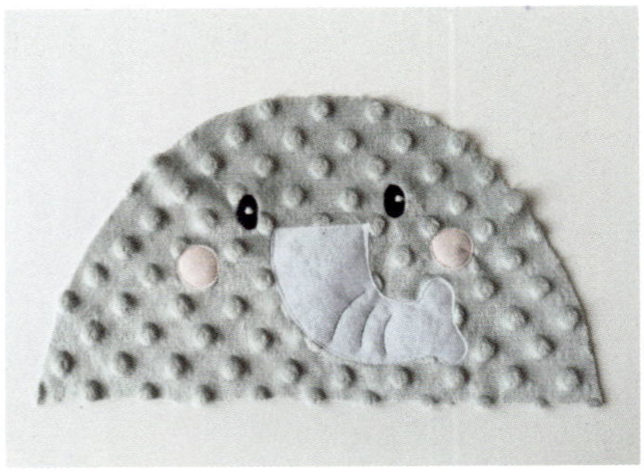

2 Cousez le reflet des yeux avec du fil blanc au point zigzag très serré par allers-retours.

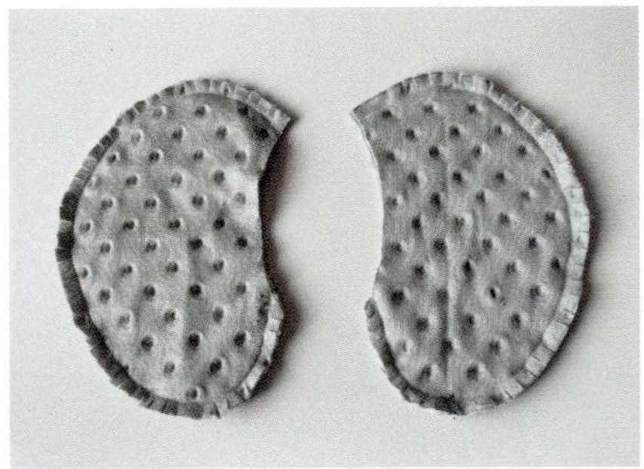

3 Réalisez les oreilles : superposez les tissus, endroit contre endroit. Épinglez. Cousez le contour des oreilles à 1 cm du bord en laissant la largeur ouverte pour ensuite retourner l'ouvrage sur l'endroit. Crantez les bords arrondis.

4 Retournez les oreilles sur l'endroit par l'ouverture. Repoussez les bords. Ramenez les extrémités du haut sur 2 cm vers le bas. Pincez. Fermez l'ouverture avec une couture à 0,5 cm du bord.

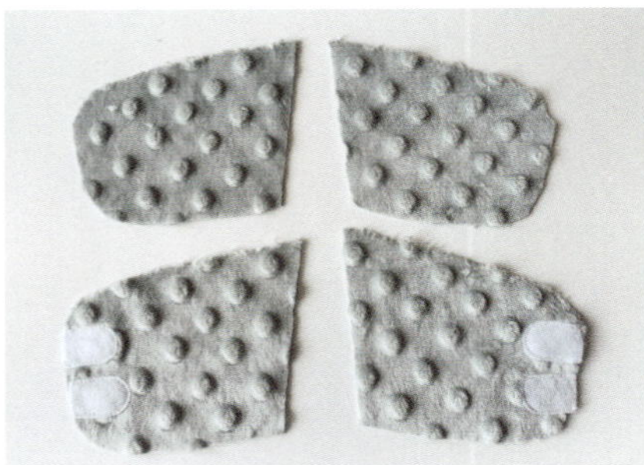

5 Réalisez les ongles sur les bras et sur les pattes : sur l'endroit du tissu « devant » des bras et sur l'endroit du tissu extérieur « devant du bas du corps », positionnez les ongles aux endroits indiqués sur le patron. Épinglez. Cousez le contour de chaque ongle au point droit à 2 mm du bord. Ne cousez pas la longueur du bas.

6 Réalisez les bras : superposez les tissus, endroit contre endroit. Épinglez. Cousez le contour des bras à 1 cm du bord en laissant la largeur ouverte pour ensuite retourner l'ouvrage sur l'endroit. Coupez le surplus de tissu à 0,5 cm du bord. Crantez les bords arrondis.

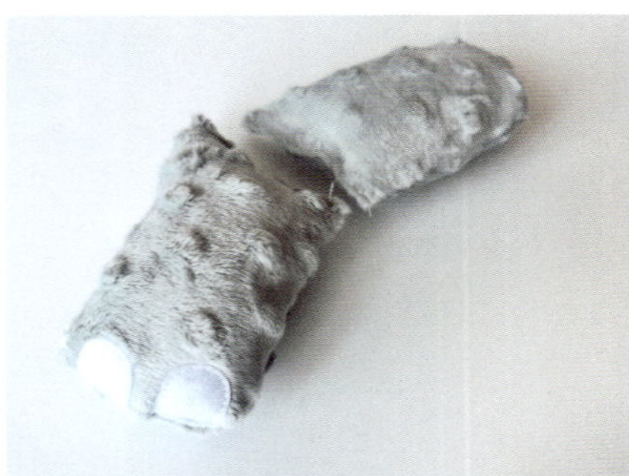

7 Retournez les bras sur l'endroit par l'ouverture. Repoussez les bords. Rembourrez les bras avec de la ouate. Fermez l'ouverture avec une couture à 0,5 cm du bord.

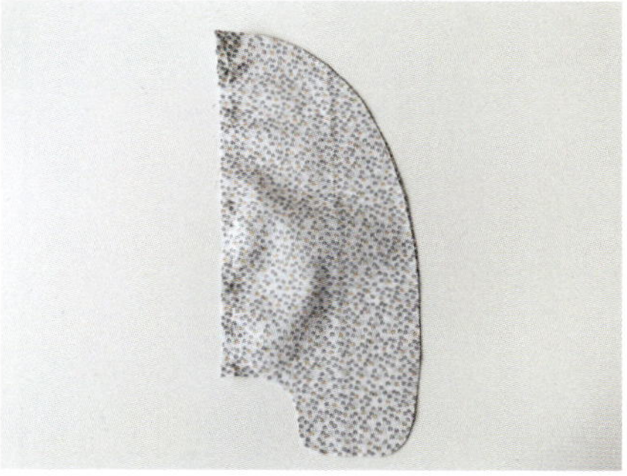
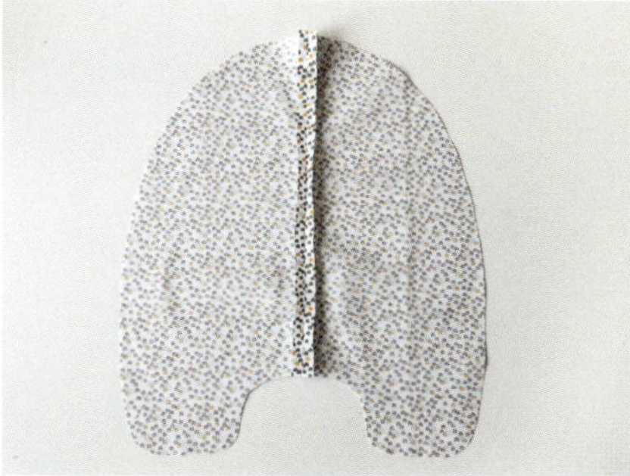
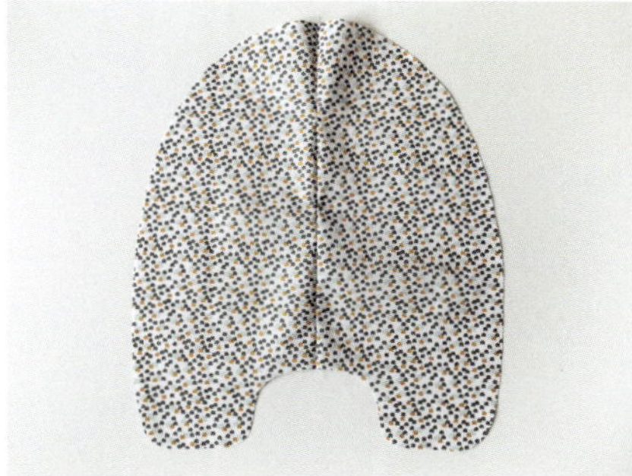

8 Réalisez le dos : superposez les tissus « doublure », endroit contre endroit. Épinglez la largeur non arrondie. Cousez cette largeur à 1 cm du bord en laissant une ouverture de 7 cm située à 8 cm du haut arrondi. Cette étape permet de créer l'ouverture pour le rembourrage final de la peluche.

9 Ouvrez et aplatissez la couture au fer à repasser.

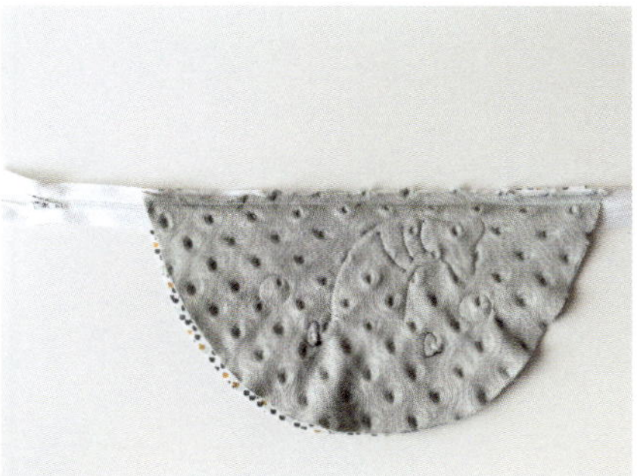

10 Réalisez la partie « devant » de l'éléphant : placez la longueur du bas du tissu Minky « tête », endroit contre endroit fermeture Éclair et bord à bord. Le curseur de la fermeture Éclair se trouve sur la gauche. Épinglez. Superposez la longueur du bas du tissu doublure « tête », endroit contre envers fermeture Éclair et bord à bord. Les tissus se trouvent endroit contre endroit. Épinglez. Placez le pied de biche spécial fermeture Éclair et cousez sur cette longueur.

11 Rabattez les tissus, envers contre envers. Appuyez avec les doigts sur les tissus le long de la fermeture Éclair pour aplatir la couture. Surpiquez la longueur à 2 mm du bord.

12 Placez la longueur du haut du tissu « extérieur » bas du corps, endroit contre endroit fermeture Éclair et bord à bord. Épinglez.

13 Superposez la longueur du haut du tissu « doublure 1 » bas du corps, endroit contre envers fermeture Éclair et bord à bord. Les tissus du bas du corps se trouvent endroit contre endroit. Épinglez. Cousez sur cette longueur.

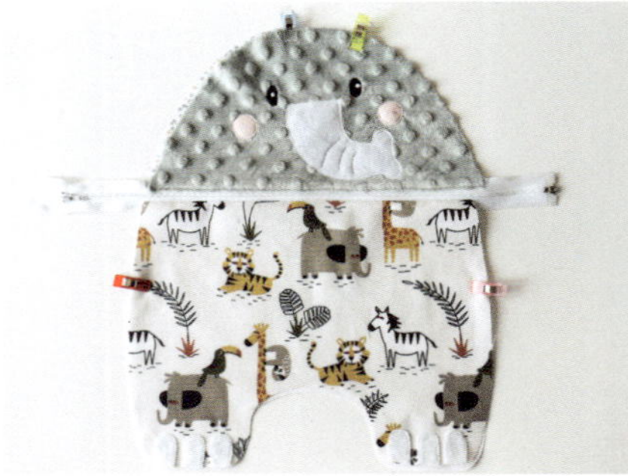
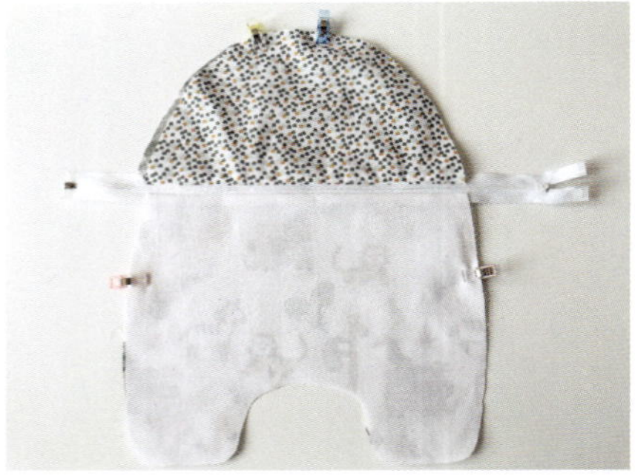

14 Rabattez les tissus, envers contre envers. Repassez les tissus le long de la fermeture Éclair pour aplatir la couture.

15 Réalisez le ventre de l'éléphant : superposez les tissus « doublure 2 » et « extérieur », endroit contre endroit. Épinglez.

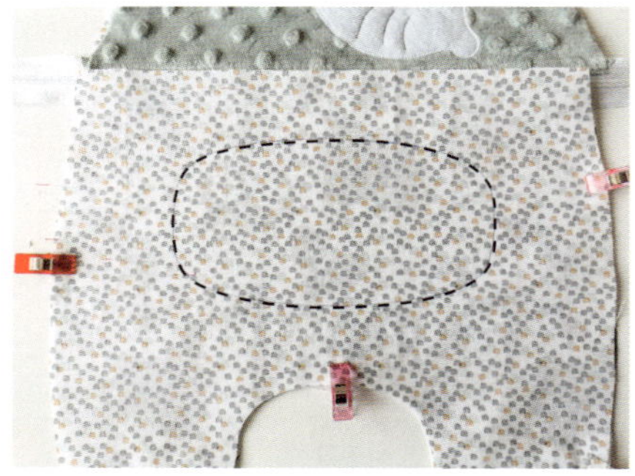

16 Pour représenter l'ouverture du ventre, tracez le gabarit centré sur l'envers du tissu « doublure 2 » et à 4 cm du bas de l'entrejambe.

17 Replacez le pied de biche standard et cousez sur le tracé du gabarit (sur les trois épaisseurs de tissus). Retirez les épingles.

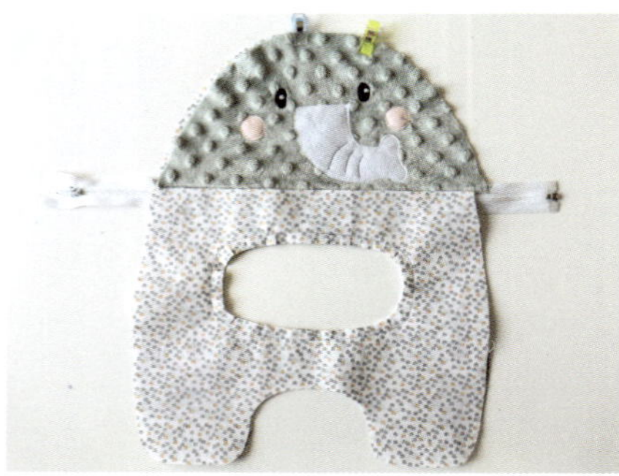

18 Réalisez l'ouverture du ventre : découpez l'intérieur du ventre à 1 cm de la couture. Crantez le contour intérieur du ventre.

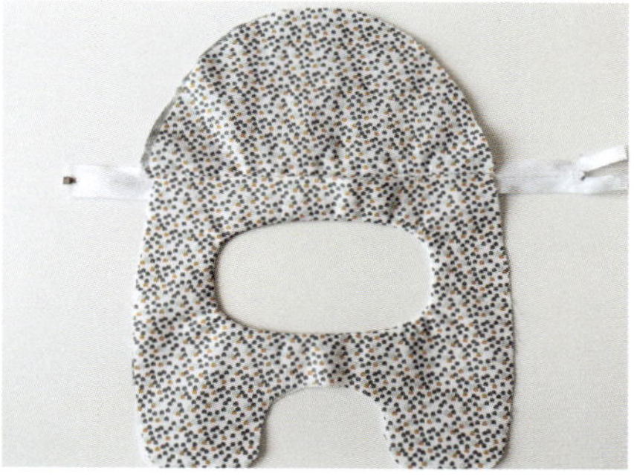
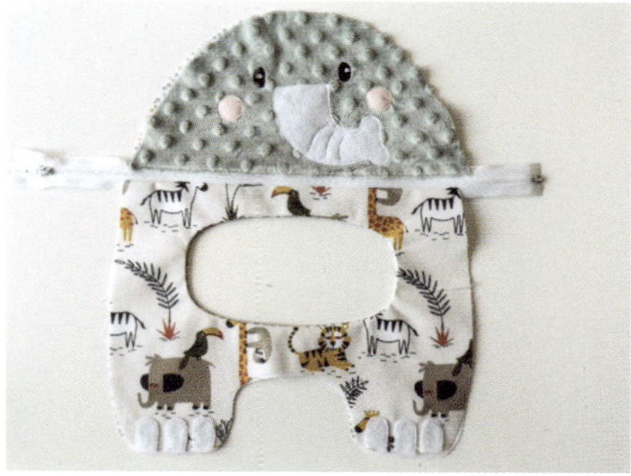

19 Faites passer la « doublure 2 » par l'ouverture du ventre. Superposez les tissus et repassez pour aplatir la couture.

20 Positionnez l'endroit du cristal transparent sur l'endroit du tissu « doublure 2 ». Sur l'endroit du tissu « extérieur », cousez le contour du ventre à 0,5 cm du bord. Découpez le surplus de cristal transparent à 0,5 cm de la couture.

21 Sur la longueur du haut du tissu « doublure 2 », faites un rempli d'1 cm. Les tissus se trouvent bord à bord. Épinglez sur l'endroit du tissu « extérieur » pour une jolie finition.

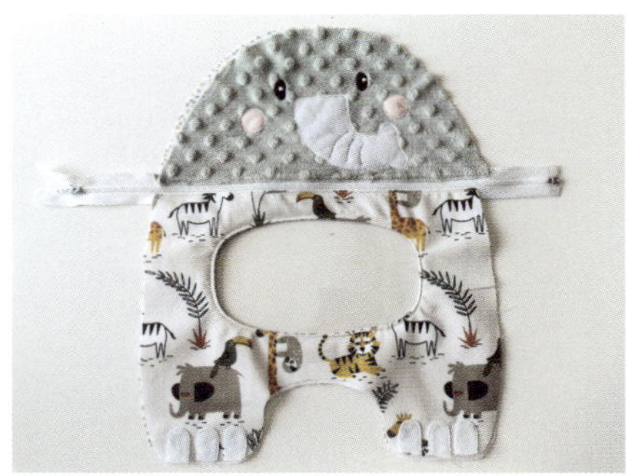

22 Placez le pied de biche spécial fermeture Éclair. Sur l'endroit du tissu « extérieur », surpiquez la longueur à 2 mm du bord..

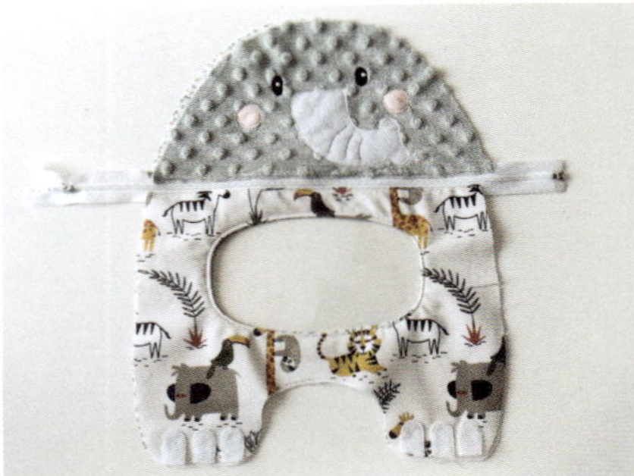

23 Replacez le pied de biche standard. Ouvrez la fermeture Éclair de moitié. Épinglez les tissus du « devant » de l'éléphant et cousez le contour à 0,5 cm du bord pour maintenir les tissus. Réalisez des allers-retours sur le passage de la fermeture Éclair.

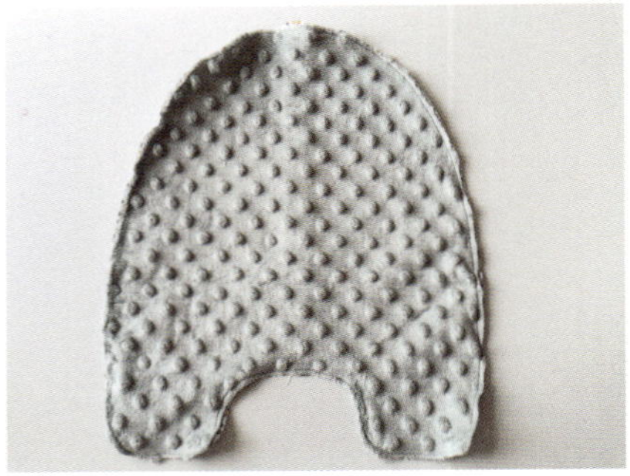

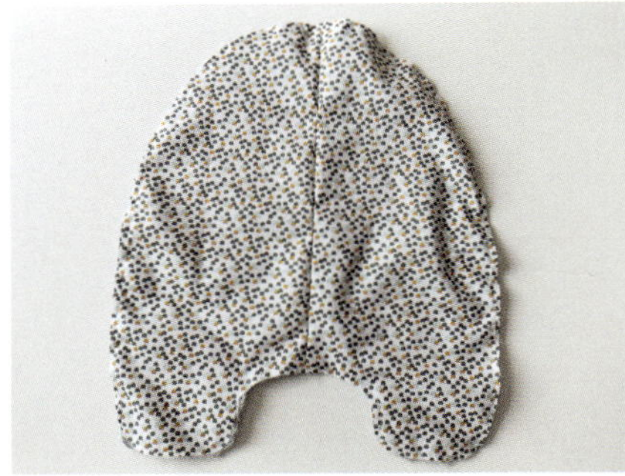

24 Réalisez le dos de l'éléphant : superposez les tissus, envers contre envers. L'endroit des tissus se trouve face à vous. Cousez le contour du dos à 0,5 cm du bord.

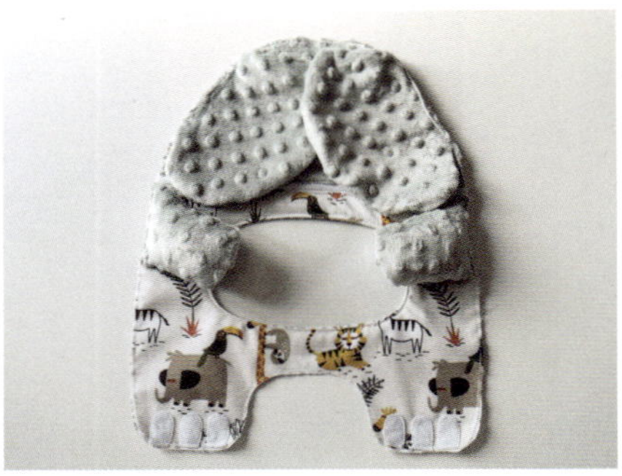

25 Sur la partie « devant » de l'éléphant, placez, endroit contre endroit, les oreilles et les bras sur les repères indiqués sur le patron. Épinglez. Les bras sont positionnés au bord du tissu « extérieur ». Faites une couture à 0,5 cm du bord pour maintenir ces parties. Vérifiez le bon placement des oreilles ainsi que l'alignement des bras pour une jolie finition.

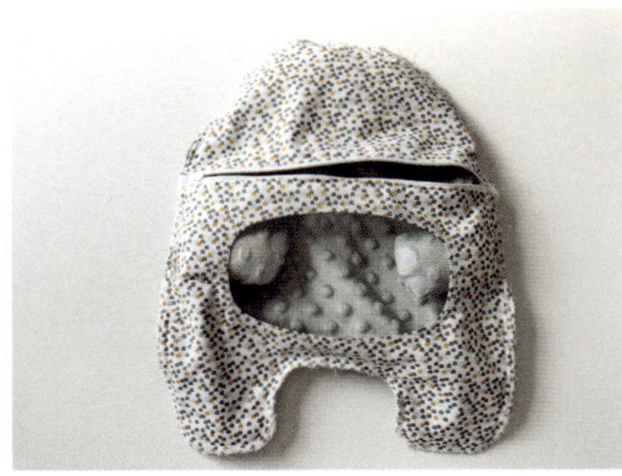

26 Superposez les parties « devant » et « dos » de l'éléphant, endroit contre endroit. La fermeture Éclair est bien ouverte de moitié (étape 23). Épinglez. Cousez le contour de l'éléphant à 1 cm du bord. Coupez le surplus de fermeture Éclair. Surfilez le contour.

27 Retournez délicatement votre joli éléphant sur l'endroit par l'ouverture de la fermeture Éclair. Repoussez les bords. Rembourrez l'éléphant avec de la ouate par l'ouverture centrale sur la doublure du dos. Fermez l'ouverture avec une couture à la main, au point invisible.

Les aliments en feutrine
L'éléphant est herbivore. Il se nourrit exclusivement de feuilles d'arbre (acacia...), de bois tendre, d'écorces dures, de brindilles, de racines, de plantes, de buissons, de petites branches, d'herbe, de fleurs, d'arbustes, de bambou et aussi de fruits. Pour coudre les aliments en feutrine correspondant à la nourriture de l'éléphant, reportez-vous à la page 96.

CROKY
Le lapin

Le mot de l'orthophoniste

Avec Croky le lapin, votre enfant peut développer son vocabulaire, tout comme avec Trompi l'éléphant.
Glissez une photo dans la poche du lapin pour que cette peluche devienne un objet transitionnel, un outil de facilitation de la séparation entre votre enfant et vous-même.
Reportez-vous à la page 72 pour plus de détails.

PIÈCES À DÉCOUPER (Longueur x largeur)

Pour la tête
- Tissu Minky « extérieur » : 27,5 cm x 14,5 cm
- Tissu coton imprimé* « doublure » : 27,5 cm x 14,5 cm

Pour le dos du corps
- Tissu Minky « extérieur » : 30 cm x 34 cm
- Tissu coton imprimé* « doublure » : 2 fois 16 cm x 34 cm

Pour le devant du bas du corps
- Tissu coton imprimé « extérieur » : 29 cm x 22 cm
- Tissu coton uni fin « doublure 1 » non visible à la fin : 29 cm x 22 cm
- Tissu coton imprimé* « doublure 2 » : 29 cm x 22 cm

Pour les oreilles
- Tissu Minky : 2 fois 9,5 cm x 22,5 cm
- Tissu coton imprimé* : 2 fois 9,5 cm x 22,5 cm

Pour les bras
- Tissu Minky : 4 fois 9,5 cm x 9,5 cm

Pour le visage
- Yeux en feutrine noire : 2 fois 1,5 cm x 2,5 cm
- Dents en feutrine blanche : 4 cm x 2,5 cm
- Queue en feutrine blanche : 5,5 cm x 7 cm
- Nez en feutrine rose : 4 cm x 2,5 cm

Et aussi
- Cristal transparent 30/100 : 19,5 cm x 11,5 cm
- 1 fermeture Éclair : 30 cm
- Ouate de rembourrage

*Choisissez idéalement le même tissu pour une belle harmonie.

COUPE
Découpez les gabarits en miroir.

Dimensions finales de la peluche :
27 cm x 35 cm sans les bras ni les oreilles.

Facultatif : j'ai fait le choix de ne pas coudre de queue sur le dos du lapin. Vous pouvez toutefois coudre une queue centrée sur le bas du dos, endroit du tissu Minky.

PAS À PAS

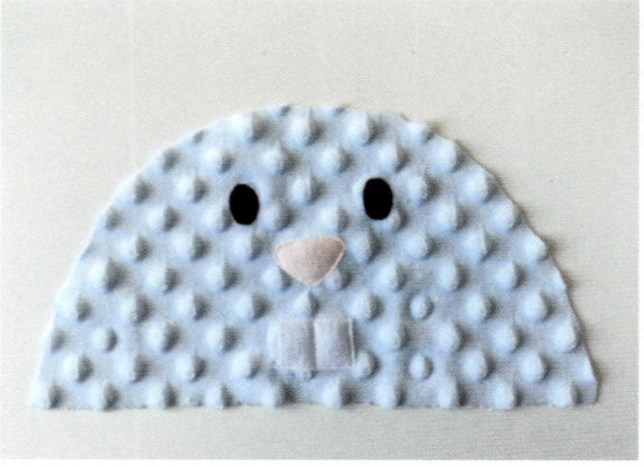

1 Réalisez la tête du lapin : sur l'endroit du tissu Minky, placez les dents, le nez et les yeux aux endroits indiqués sur le patron. Épinglez. Cousez leur contour au point droit à 2 mm du bord ainsi que sur la verticale centrale des dents.

2 Cousez le reflet des yeux avec du fil blanc au point zigzag très serré par allers-retours. Cousez avec du fil gris une verticale d'1 cm, centrée sous le bas du nez, au point droit par aller-retour. Tracez les moustaches de chaque côté du nez. Cousez au point droit sur ces traits. Effacez le stylo avec la chaleur d'un sèche-cheveux.

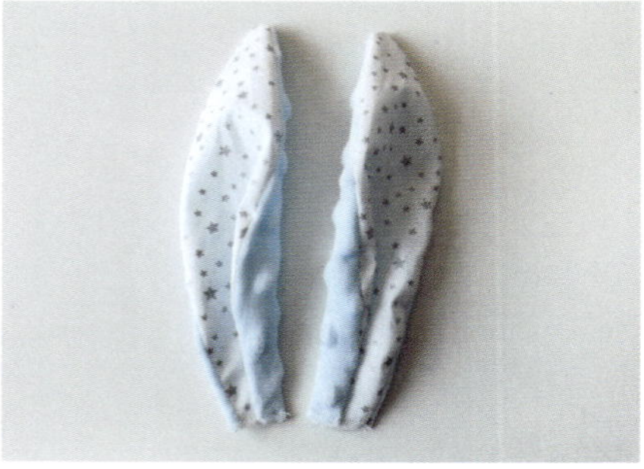

3 Réalisez les oreilles : superposez les tissus, endroit contre endroit. Épinglez. Cousez le contour des oreilles à 1 cm du bord en laissant la longueur du bas ouverte pour ensuite retourner l'ouvrage sur l'endroit. Coupez le surplus de tissu à 0,5 cm du bord. Dégarnissez la pointe et crantez les bords arrondis.

4 Retournez les oreilles sur l'endroit par l'ouverture. Repoussez les bords. Ramenez les extrémités intérieures du bas de l'oreille vers le milieu. Pincez. Fermez l'ouverture avec une couture à 0,5 cm du bord.

5 Réalisez les bras : superposez les tissus, endroit contre endroit. Épinglez. Cousez le contour des bras à 1 cm du bord en laissant la largeur ouverte pour ensuite retourner l'ouvrage sur l'endroit. Coupez le surplus de tissu à 0,5 cm du bord. Crantez les bords arrondis.

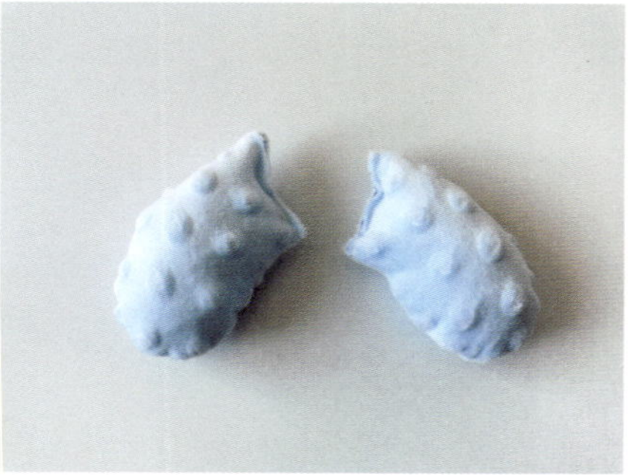

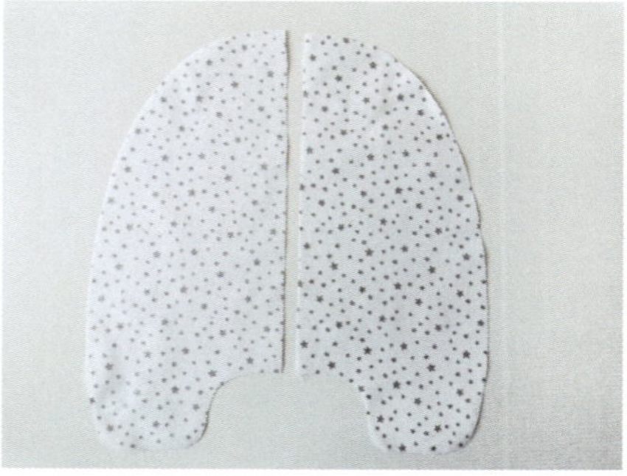

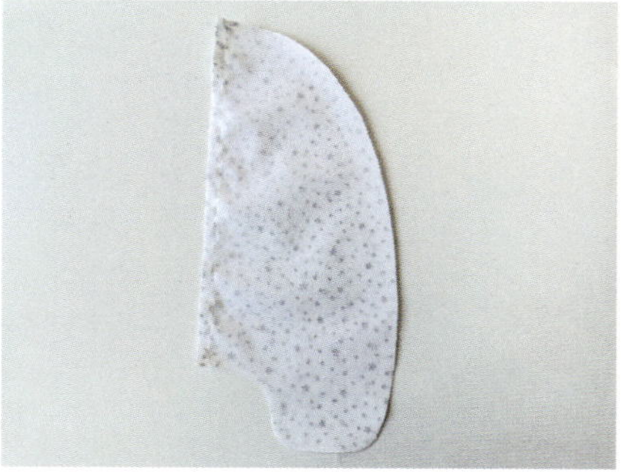

6 Retournez les bras sur l'endroit par l'ouverture. Repoussez les bords. Rembourrez les bras avec de la ouate. Fermez l'ouverture avec une couture à 0,5 cm du bord.

7 Réalisez le dos du lapin : superposez les tissus « doublure », endroit contre endroit. Épinglez la largeur non arrondie. Cousez cette largeur à 1 cm du bord en laissant une ouverture de 7 cm située à 8 cm du haut arrondi. Cette étape permet de créer l'ouverture pour le rembourrage final de la peluche.

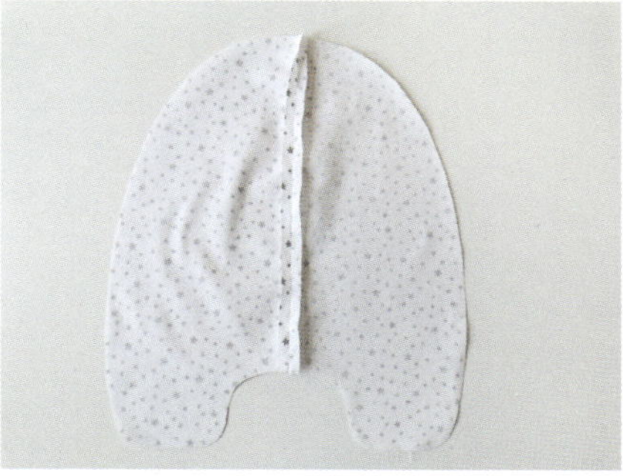

8 Ouvrez et aplatissez la couture au fer à repasser.

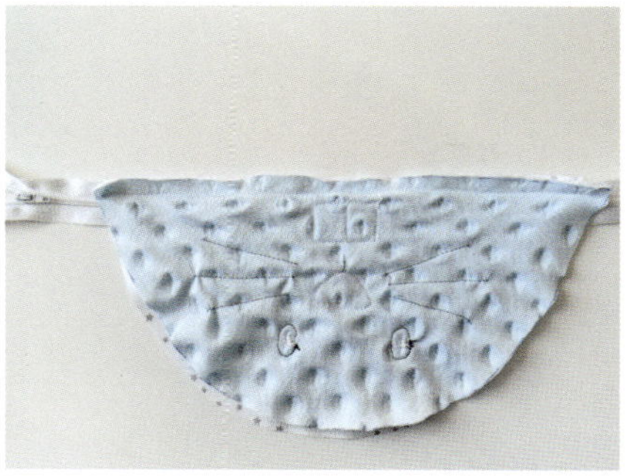

9 Réalisez la partie « devant » du lapin : placez la longueur du bas du tissu Minky « tête », endroit contre endroit fermeture Éclair et bord à bord. Le curseur de la fermeture Éclair se trouve sur la gauche. Épinglez. Superposez la longueur du bas du tissu doublure « tête », endroit contre envers fermeture Éclair et bord à bord. Les tissus se trouvent endroit contre endroit. Épinglez. Placez le pied de biche spécial fermeture Éclair et cousez sur cette longueur.

10 Rabattez les tissus, envers contre envers. Appuyez avez les doigts sur les tissus le long de la fermeture Éclair pour aplatir la couture. Surpiquez la longueur à 2 mm du bord.

11 Placez la longueur du haut du tissu « extérieur » bas du corps, endroit contre endroit fermeture Éclair et bord à bord. Épinglez.

12 Superposez la longueur du haut du tissu « doublure 1 » bas du corps, endroit contre envers fermeture Éclair et bord à bord. Les tissus du bas du corps se trouvent endroit contre endroit. Épinglez. Cousez sur cette longueur.

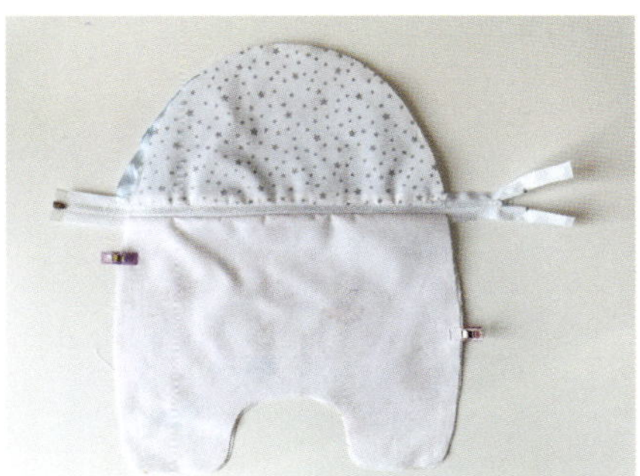

13 Rabattez les tissus, envers contre envers. Repassez les tissus le long de la fermeture Éclair pour aplatir la couture.

14 Réalisez le ventre du lapin : superposez les tissus « doublure 2 » et « extérieur », endroit contre endroit. Épinglez.

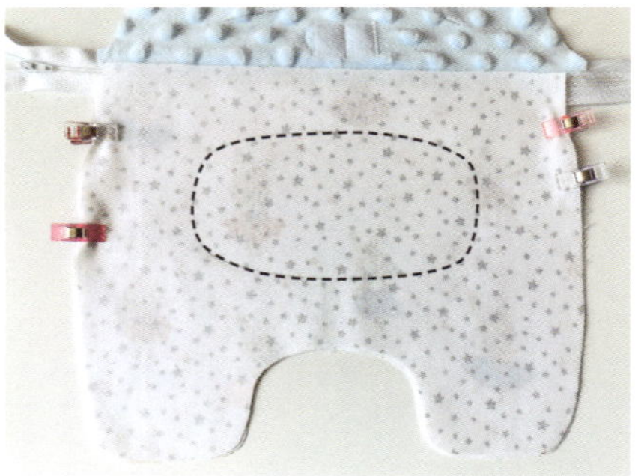

15 Pour représenter l'ouverture du ventre, tracez le gabarit centré sur l'envers du tissu « doublure 2 » et à 4 cm du bas de l'entrejambe.

16 Replacez le pied de biche standard et cousez sur le tracé du gabarit (sur les trois épaisseurs de tissus). Retirez les épingles.

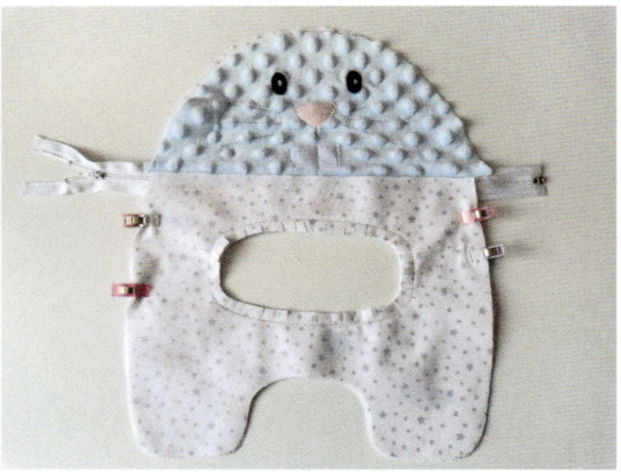

17 Réalisez l'ouverture du ventre : découpez l'intérieur du ventre à 1 cm de la couture. Crantez le contour intérieur du ventre.

18 Faites passer la « doublure 2 » par l'ouverture du ventre. Superposez les tissus et repassez pour aplatir la couture.

19 Positionnez l'endroit du cristal transparent sur l'endroit du tissu « doublure 2 ». Sur l'endroit du tissu « extérieur », cousez le contour du ventre à 0,5 cm du bord. Découpez le surplus de cristal transparent à 0,5 cm de la couture.

20 Sur la longueur du haut du tissu « doublure 2 », faites un rempli d'1 cm. Les tissus se trouvent bord à bord. Épinglez sur l'endroit du tissu « extérieur » pour une jolie finition.

21 Placez le pied de biche spécial fermeture Éclair. Sur l'endroit du tissu « extérieur », surpiquez la longueur à 2 mm du bord.

22 Replacez le pied de biche standard. Ouvrez la fermeture Éclair de moitié. Épinglez les tissus du « devant » du lapin et cousez le contour à 0,5 cm du bord pour maintenir les tissus. Réalisez des allers-retours sur le passage de la fermeture Éclair.

23 Réalisez le dos du lapin : superposez les tissus, envers contre envers. L'endroit des tissus se trouve face à vous. Cousez le contour du dos à 0,5 cm du bord.

24 Sur la partie « devant » du lapin, placez, endroit contre endroit, les oreilles et les bras sur les repères indiqués sur le patron. Épinglez. Les bras sont positionnés au bord du tissu « extérieur ». Faites une couture à 0,5 cm du bord pour maintenir ces parties. Vérifiez le bon placement des oreilles ainsi que l'alignement des bras pour une jolie finition.

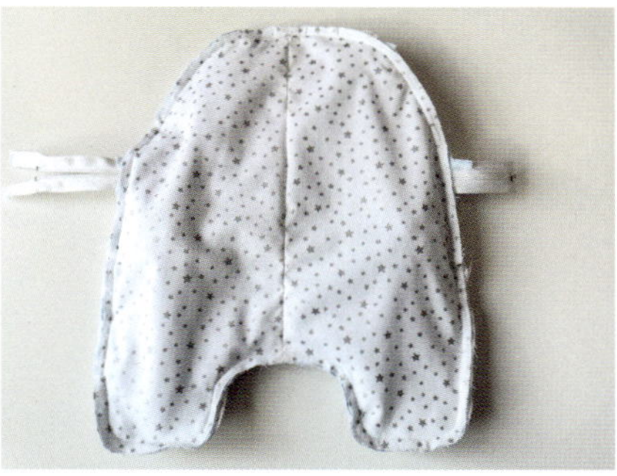

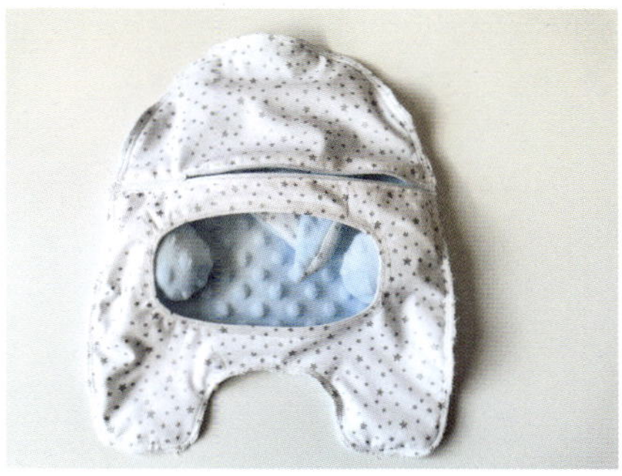

25 Superposez les parties « devant » et « dos » du lapin, endroit contre endroit. Votre fermeture Éclair est bien ouverte de moitié (étape 22). Épinglez. Cousez le contour du lapin à 1 cm du bord. Coupez le surplus de fermeture Éclair. Surfilez le contour.

26 Retournez délicatement votre joli lapin sur l'endroit par l'ouverture de la fermeture Éclair.

27 Rembourrez le lapin avec de la ouate par l'ouverture centrale sur la doublure du dos. Fermez l'ouverture avec une couture à la main, au point invisible.

Les aliments en feutrine
Le lapin se nourrit de végétaux frais : brocoli, chou, persil, etc. Côté fruits, il aime : poire, pomme, orange, pêche, abricot, kiwi, cerise, fraise, framboise, mûre, groseille. Pour coudre les aliments en feutrine correspondant à la nourriture du lapin, reportez-vous à la page 96.

BOOBOO

L'ourson

Le mot de l'orthophoniste

Avec BooBoo, l'ourson gourmand, votre enfant peut développer son vocabulaire, tout comme avec Trompi l'éléphant.
Glissez une photo dans la poche de l'ourson pour que cette peluche devienne un objet transitionnel, un outil de facilitation de la séparation entre votre enfant et vous-même.
Reportez-vous à la page 72 pour plus de détails.

PIÈCES À DÉCOUPER (Longueur x largeur)

Pour la tête

- Tissu Minky « extérieur » : 27,5 cm x 14,5 cm
- Tissu coton imprimé* « doublure » : 27,5 cm x 14,5 cm

Pour le dos du corps

- Tissu Minky « extérieur » : 30 cm x 34 cm
- Tissu coton imprimé* « doublure » : 2 fois 16 cm x 34 cm

Pour le devant du bas du corps

- Tissu coton imprimé « extérieur » : 29 cm x 22 cm
- Tissu coton uni fin « doublure 1 » non visible à la fin : 29 cm x 22 cm
- Tissu coton imprimé* « doublure 2 » : 29 cm x 22 cm

Pour les oreilles

- Tissu Minky : 4 fois 9,5 cm x 8 cm

Pour les bras

- Tissu Minky : 4 fois 10 cm x 10,5 cm

Pour le visage

- Yeux en feutrine noire : 2 fois 2 cm x 2 cm
- Nez en feutrine noire : 4 cm x 2,5 cm
- Reflet du nez en feutrine blanche : 2,5 cm x 1 cm
- Museau en feutrine grise : 8,5 cm x 5 cm
- Queue en feutrine blanche : 5,5 cm x 7 cm

Et aussi

- Cristal transparent 30/100 : 19,5 cm x 11,5 cm
- 1 fermeture Éclair : 30 cm
- Ouate de rembourrage

*Choisissez idéalement le même tissu pour une belle harmonie.

COUPE

Découpez les gabarits en miroir.

Dimensions finales de la peluche : 27 cm x 35 cm sans les bras ni les oreilles.

Facultatif : j'ai fait le choix de ne pas coudre de queue sur le dos de l'ourson. Vous pouvez toutefois coudre une queue centrée sur le bas dos, endroit du tissu Minky.

PAS À PAS

1 Réalisez la tête de l'ourson : sur l'endroit du tissu Minky, positionnez le museau, le nez et les yeux aux endroits indiqués sur le patron. Épinglez. Cousez leur contour au point droit à 2 mm du bord en commençant par le contour du museau.

2 Placez le reflet sur le haut du nez et cousez-le au plus près du bord. Cousez le reflet des yeux avec du fil blanc au point zigzag très serré par allers-retours. Cousez avec du fil noir une verticale de 2 cm, centrée sous le bas du nez, au point zigzag serré.

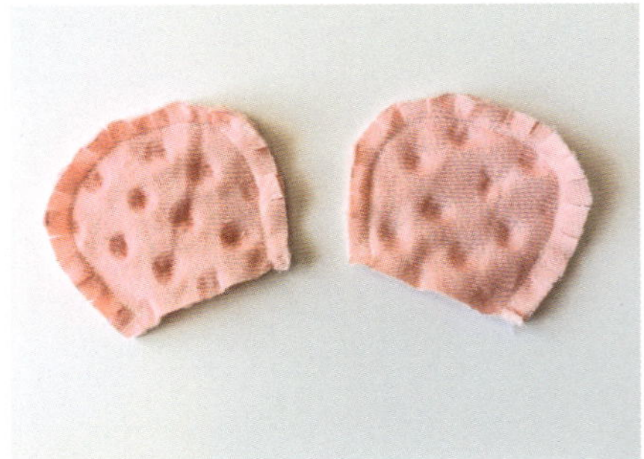

3 Réalisez les oreilles : superposez les tissus, endroit contre endroit. Épinglez. Cousez le contour des oreilles à 1 cm du bord en laissant la longueur du bas ouverte pour ensuite retourner l'ouvrage sur l'endroit. Coupez le surplus de tissu à 0,5 cm du bord. Crantez les bords arrondis.

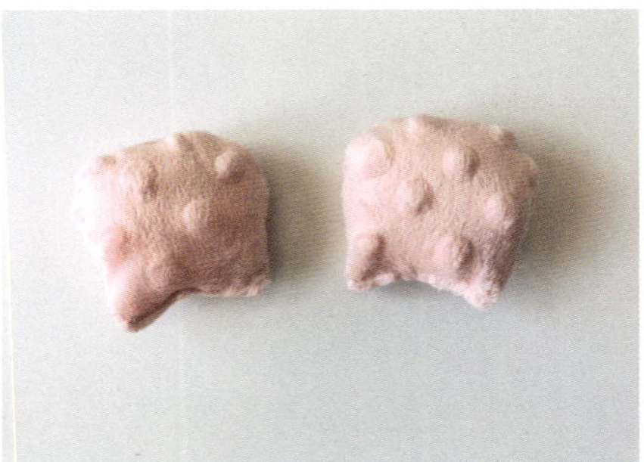

4 Retournez les oreilles sur l'endroit par l'ouverture. Repoussez les bords. Rembourrez les oreilles avec de la ouate. Fermez l'ouverture avec une couture à 0,5 cm du bord.

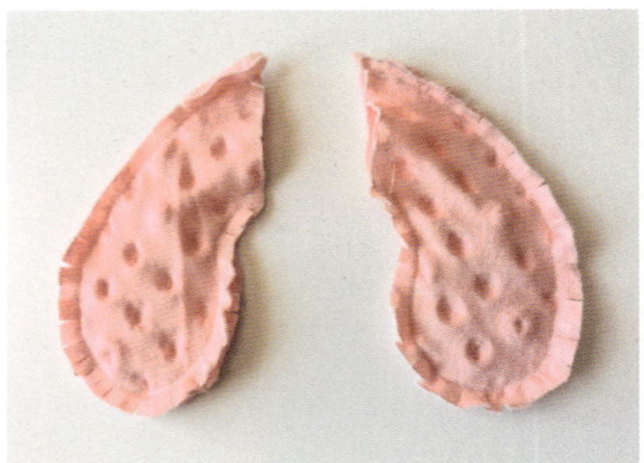

5 Réalisez les bras : superposez les tissus, endroit contre endroit. Épinglez. Cousez le contour des bras à 1 cm du bord en laissant la largeur ouverte pour ensuite retourner l'ouvrage sur l'endroit. Coupez le surplus de tissu à 0,5 cm du bord. Crantez les bords arrondis.

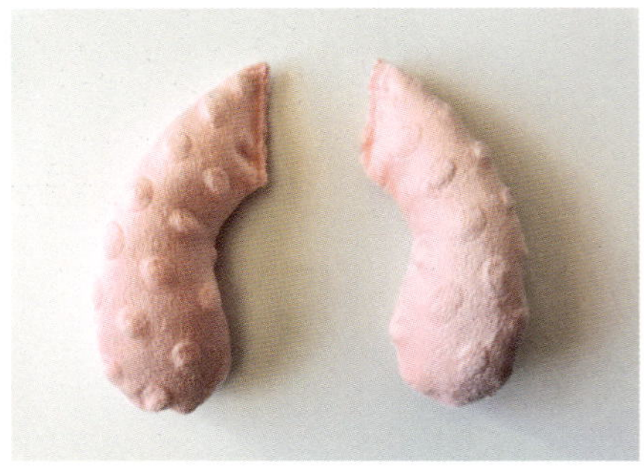

6 Retournez les bras sur l'endroit par l'ouverture. Repoussez les bords. Rembourrez les bras avec de la ouate. Fermez l'ouverture avec une couture à 0,5 cm du bord.

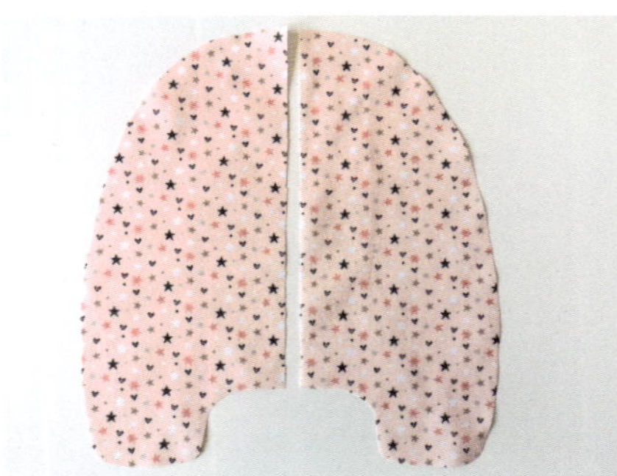

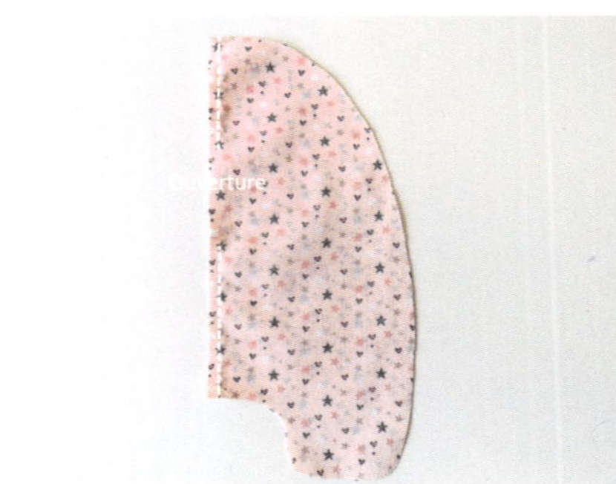

7 Réalisez le dos : superposez les tissus « doublure », endroit contre endroit. Épinglez la largeur non arrondie. Cousez cette largeur à 1 cm du bord en laissant une ouverture de 7 cm située à 8 cm du haut arrondi. Cette étape permet de créer l'ouverture pour le rembourrage final de la peluche.

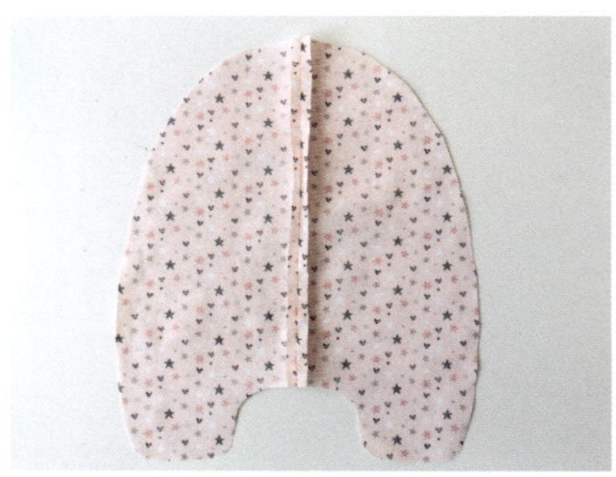

8 Ouvrez et aplatissez la couture au fer à repasser.

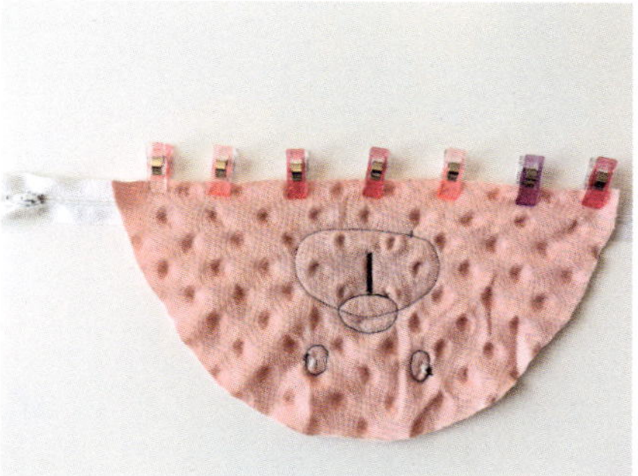

9 Réalisez la partie « devant » de l'ourson : placez la longueur du bas du tissu Minky « tête », endroit contre endroit fermeture Éclair et bord à bord. Le curseur de la fermeture Éclair se trouve sur la gauche. Épinglez.

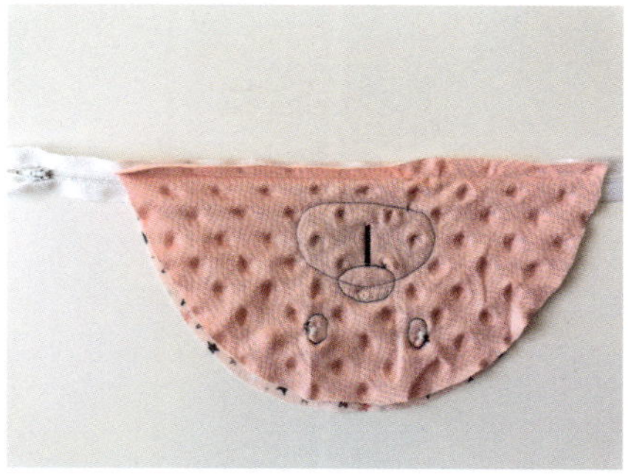

10 Superposez la longueur du bas du tissu doublure « tête », endroit contre envers fermeture Éclair et bord à bord. Les tissus se trouvent endroit contre endroit. Épinglez. Placez le pied de biche spécial fermeture Éclair et cousez sur cette longueur.

11 Rabattez les tissus, envers contre envers. Appuyez avez les doigts sur les tissus le long de la fermeture Éclair pour aplatir la couture. Surpiquez la longueur à 2 mm du bord.

12 Placez la longueur du haut du tissu « extérieur » bas du corps, endroit contre endroit fermeture Éclair et bord à bord. Épinglez.

13 Superposez la longueur du haut du tissu « doublure 1 » bas du corps, endroit contre envers fermeture Éclair et bord à bord. Les tissus du bas du corps se trouvent endroit contre endroit. Épinglez. Cousez sur cette longueur.

14 Rabattez les tissus, envers contre envers. Repassez les tissus le long de la fermeture Éclair pour aplatir la couture.

15 Réalisez le ventre de l'ourson : superposez les tissus « doublure 2 » et « extérieur », endroit contre endroit. Épinglez.

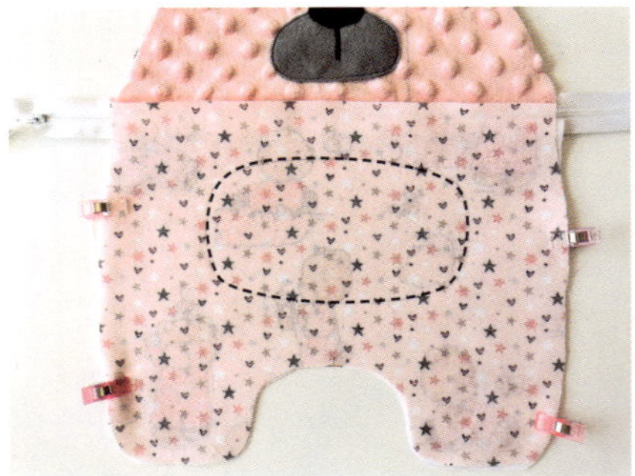

16 Pour représenter l'ouverture du ventre, tracez le gabarit centré sur l'envers du tissu « doublure 2 » et à 4 cm du bas de l'entrejambe.

17 Replacez le pied de biche standard et cousez sur le tracé du gabarit (sur les trois épaisseurs de tissus). Retirez les épingles.

18 Réalisez l'ouverture du ventre : découpez l'intérieur du ventre à 1 cm de la couture. Crantez le contour intérieur du ventre.

19 Faites passer la « doublure 2 » par l'ouverture du ventre. Superposez les tissus et repassez pour aplatir la couture.

20 Positionnez l'endroit du cristal transparent sur l'endroit du tissu « doublure 2 ». Sur l'endroit du tissu « extérieur », cousez le contour du ventre à 0,5 cm du bord.

21 Découpez le surplus de cristal transparent à 0,5 cm de la couture.

22 Sur la longueur du haut du tissu « doublure 2 », faites un rempli d'1 cm. Les tissus se trouvent bord à bord. Épinglez sur l'endroit du tissu « extérieur » pour une jolie finition.

23 Placez le pied de biche spécial fermeture Éclair. Sur l'endroit du tissu « extérieur », surpiquez la longueur à 2 mm du bord.

24 Replacez le pied de biche standard. Ouvrez la fermeture Éclair de moitié. Épinglez les tissus du « devant » de l'ourson et cousez le contour à 0,5 cm du bord pour maintenir les tissus. Réalisez des allers-retours sur le passage de la fermeture Éclair.

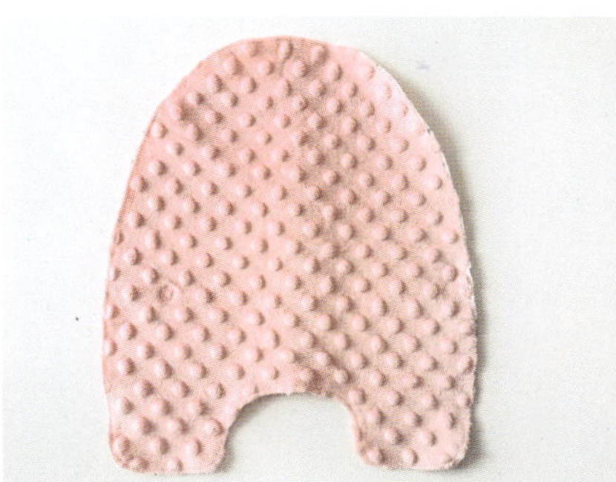

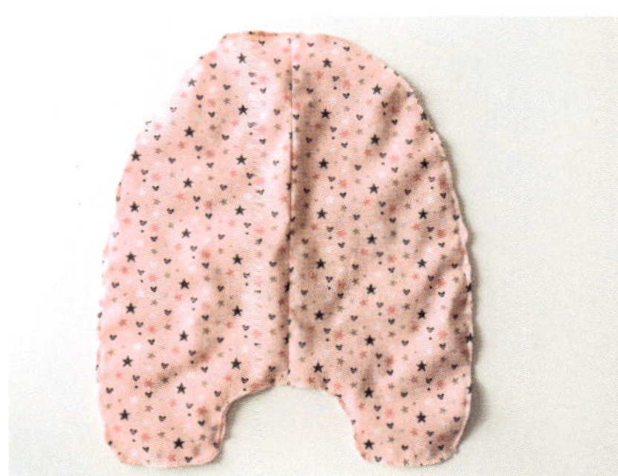

25 Réalisez le dos de l'ourson : superposez les tissus envers contre envers. L'endroit des tissus se trouve face à vous. Cousez le contour du dos à 0,5 cm du bord.

26 Sur la partie « devant » de l'ourson, placez, endroit contre endroit, les oreilles et les bras sur les repères indiqués sur le patron. Épinglez. Les bras sont positionnés au bord du tissu « extérieur ». Faites une couture à 0,5 cm du bord pour maintenir ces parties.

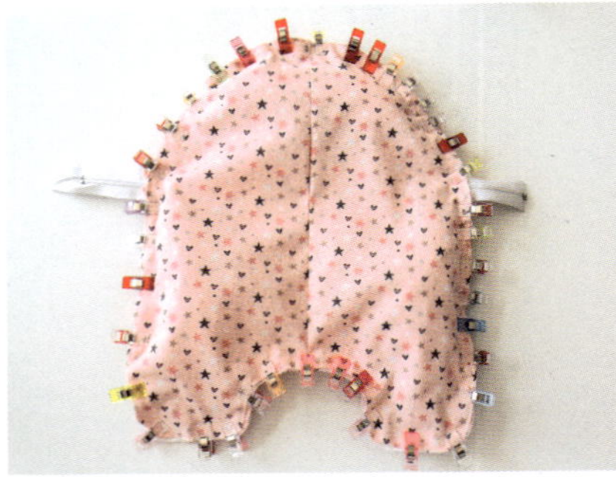

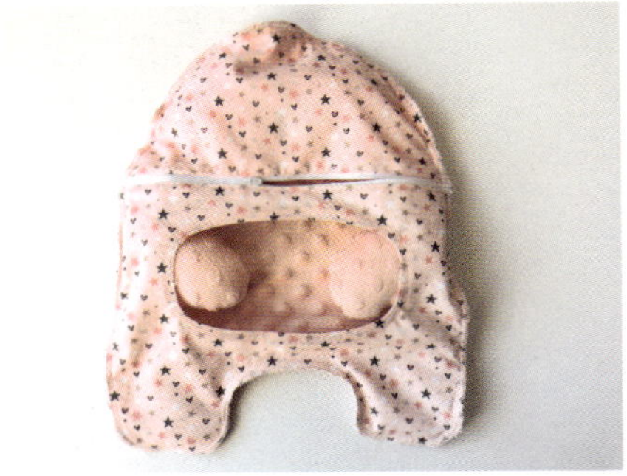

27 Vérifiez le bon placement des oreilles ainsi que l'alignement des bras pour une jolie finition.

28 Superposez les parties « devant » et « dos » de l'ourson, endroit contre endroit. Votre fermeture Éclair est bien ouverte de moitié (étape 24). Épinglez. Cousez le contour de l'ourson à 1 cm du bord. Coupez le surplus de fermeture Éclair. Surfilez le contour.

29 Retournez délicatement votre joli ourson sur l'endroit par l'ouverture de la fermeture Éclair.

30 Rembourrez l'ourson avec de la ouate par l'ouverture centrale sur la doublure du dos.

31 Fermez l'ouverture avec une couture à la main, au point invisible.

Les aliments en feutrine
L'ours est un animal omnivore à dominante végétivore. Il se nourrit de miel, de petits fruits, de bananes, de plantes herbacées, de glands, de noisettes, de fruits secs et charnus, de champignons, de noix et de baies. Il aime pêcher des poissons. Il mange aussi des petits vertébrés tels que des lézards, des oiseaux et des petits mammifères.
Pour coudre les aliments en feutrine correspondant à la nourriture de l'ourson, reportez-vous à la page 96.

LÉGUMES, FRUITS ET VÉGÉTAUX

en feutrine

Trompi l'éléphant, Croky le lapin et Booboo l'ourson sont trois gourmands. Réalisez ces petits éléments en feutrine pour que l'enfant joue à les nourrir. Reportez-vous à la fin des pas à pas pour savoir ce que chaque animal mange.

Cousez la feutrine avec un fil assorti à sa couleur. Selon l'épaisseur de la feutrine, il est conseillé de la doubler.

La carotte

Superposez la feutrine, envers contre envers. Insérez les fanes de carotte, centrées sur le haut, entre les deux tissus. Cousez le contour de l'aliment au point droit, à 2 mm du bord. Tracez à l'aide du stylo qui s'efface à la chaleur les traits aux endroits indiqués sur le patron. Cousez sur ces traits au point droit. Effacez le stylo avec la chaleur d'un sèche-cheveux.

L'ananas

Le champignon

Le radis

Le poireau

Le brocoli

La poire

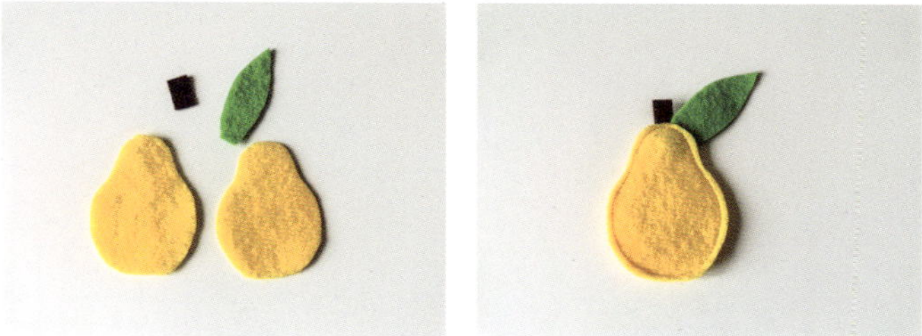

L'épi de maïs

Coupez le contour arrondi du maïs à l'aide des ciseaux cranteurs.

Les feuilles

Sur chaque feuille, tracez les nervures avec le stylo qui s'efface à la chaleur et cousez sur ces traits au point droit. Effacez le stylo avec la chaleur d'un sèche-cheveux.

Le citron et la pomme de terre

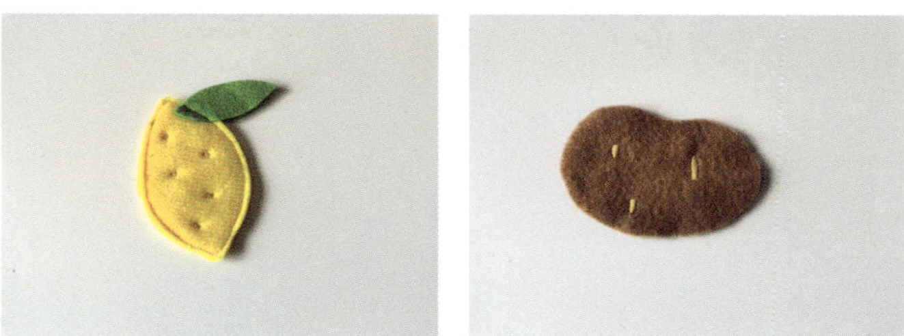

Cousez les aspérités au point zigzag très serré aux endroits indiqués sur le patron.

La fraise

Disposez le calice (appelé aussi chapeau ou queue de la fraise) sur le haut de la robe rouge de la fraise. Cousez uniquement le contour de la partie en feutrine verte qui est superposée sur la fraise, au point droit, à 2 mm du bord. Réalisez les akènes (minuscules graines disséminées sur toute la robe rouge de la fraise) avec un point zigzag très serré par allers-retours.

Positionnez le chapeau sur le haut du fruit ou du légume. Cousez uniquement la partie qui est superposée sur la feutrine du fruit ou du légume, sur le contour du chapeau, à 2 mm du bord.

La courgette

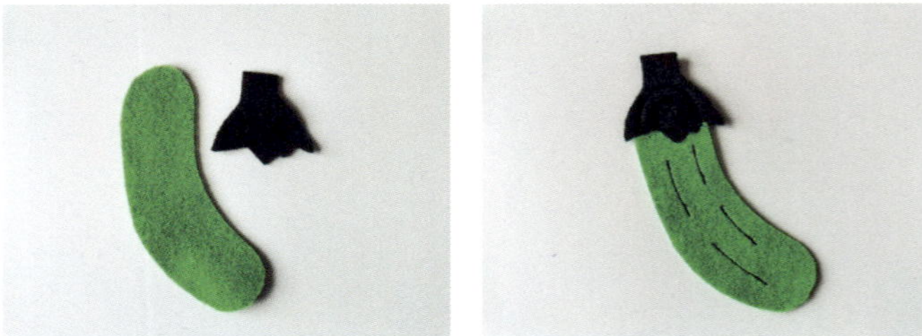

L'aubergine

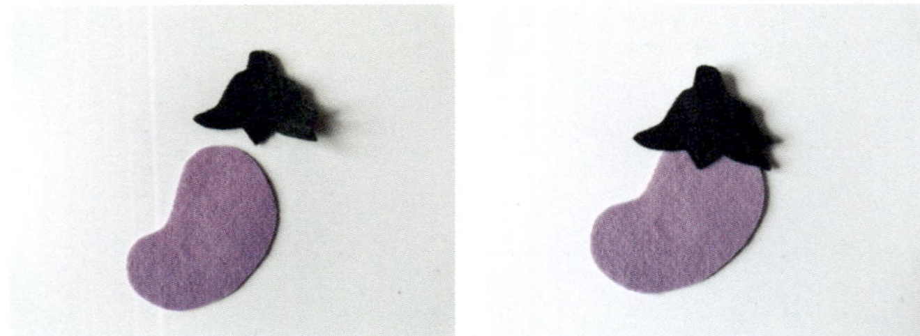

La banane

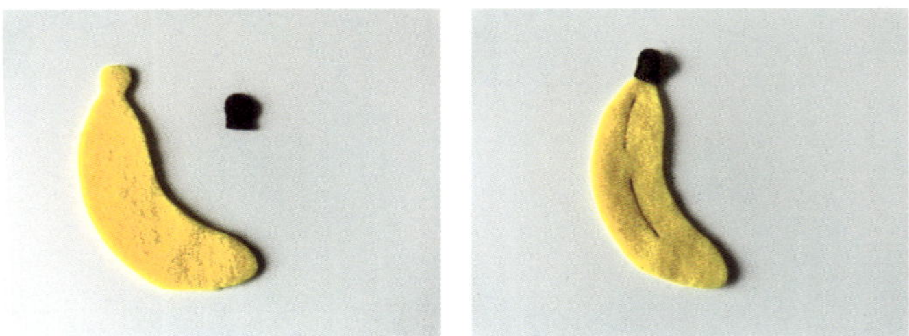

Un gland et la feuille de chêne

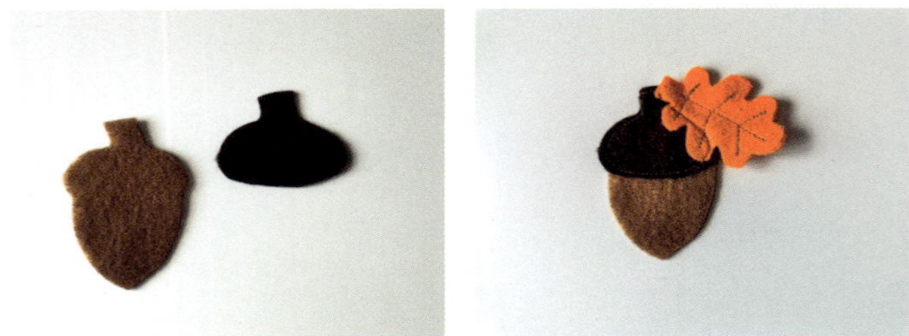

La tomate

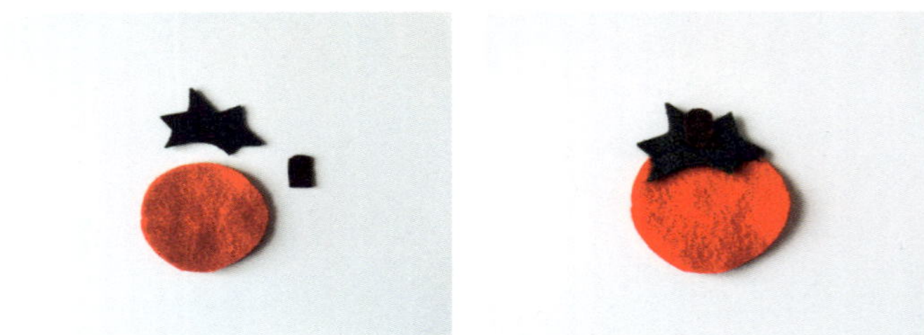

La pomme

Le chou-fleur

La tranche de pastèque

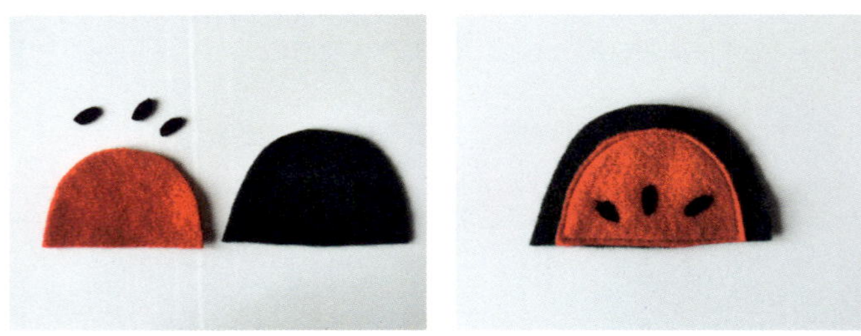

Le pot de miel

Herbes et fleurs

La feuille tropicale

Le trèfle

L'écorce d'arbre

La feuille de pissenlit

Les gouttes d'eau

Les baies

Les légumes

Les fruits

Les végétaux

PIKI

Le singe

Le mot de l'orthophoniste

Ce petit singe est le plus rigolo des amis. Il concurrencera votre enfant dans ses grimaces les plus originales. Faire des grimaces, c'est drôle, mais c'est aussi une façon de développer sa proprioception oro-faciale (la perception consciente ou non des mouvements des différentes parties du visage) et de tonifier sa sphère oro-faciale. Certains mouvements contribuent à l'apparition et à la précision de certains sons. Par exemple, projeter les lèvres comme un poisson entraîne la protrusion labiale nécessaire pour prononcer le « ch ». Vous pourrez ainsi sélectionner les grimaces (des lèvres, des joues, de la langue, etc.) en fonction des sons à travailler chez votre enfant.

Grimacer encourage également la communication non verbale et développe l'humour.

PIÈCES À DÉCOUPER (Longueur x largeur)

Pour la tête
- Tissu Minky : 2 fois 31 cm x 22 cm

Pour le corps
- Tissu Minky : 2 fois 25 cm x 25 cm

Pour les oreilles
- Tissu Minky : 4 fois 12 cm x 10 cm
- Simili cuir pour l'intérieur des oreilles : 7 cm x 7 cm
- Ou la pose d'un appliqué avec un tissu coton + toile thermocollante double face : 2 fois 7 cm x 7 cm

Pour les bras
- Tissu Minky : 4 fois 25 cm x 23,5 cm
- Tissu coton imprimé pour les mains : 4 fois 10,5 cm x 11 cm

Pour les pattes
- Tissu Minky : 4 fois 8 cm x 26 cm
- Tissu coton imprimé pour les pieds : 4 fois 10,5 cm x 11 cm

Pour la queue
- Tissu Minky : 2 fois 18 cm x 23,5 cm
- Facultatif : ruban auto-agrippant velours 2 cm

Pour le visage
- Tissu coton uni : 19 cm x 16 cm
- Toile thermocollante double face : 19 cm x 16 cm
- Œil en feutrine ou simili cuir noir : 2 cm x 2,5 cm
- Nez en feutrine ou simili cuir noir : 6 cm x 3 cm
- Langue en feutrine rouge : 4,5 cm x 5 cm

Et aussi
- Miroir souple à coudre : Ø 10 cm
- Biais : 30 cm x 2 cm
- Ruban auto-agrippant velours et crochet : 3,5 cm x 2 cm
- Ouate de rembourrage

COUPE

Découpez les gabarits en miroir.

Dimensions finales de la peluche avec les bras le long du corps : 40 cm x 71 cm.

PAS À PAS

1 Réalisez la tête du singe : posez un appliqué sur l'endroit du tissu Minky « tête devant » du singe (cf. « Avant de commencer... », p. 9).

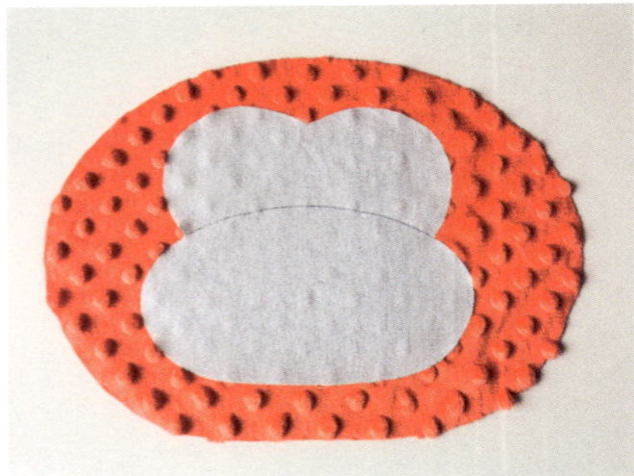

2 Tracez l'arrondi du haut du museau pour délimiter la partie avec les yeux.

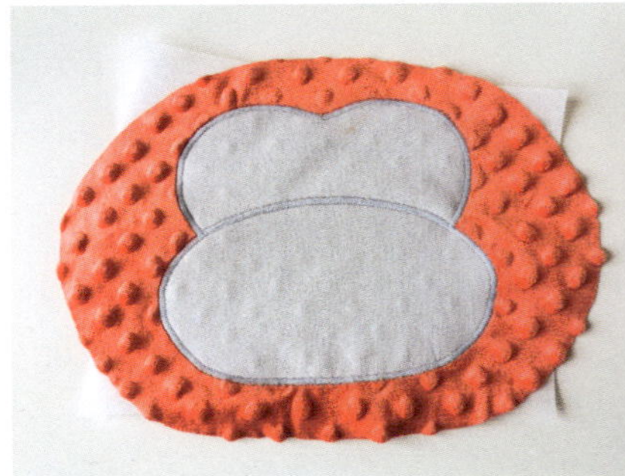

3 Cousez le contour du museau puis le contour de la partie avec les yeux, au point zigzag très serré. Effacez le stylo avec la chaleur d'un sèche-cheveux. N'oubliez pas de placer le stabilisateur sous l'envers du tissu « tête devant » pour vous faciliter la couture (cf. « Avant de commencer... », p. 8).

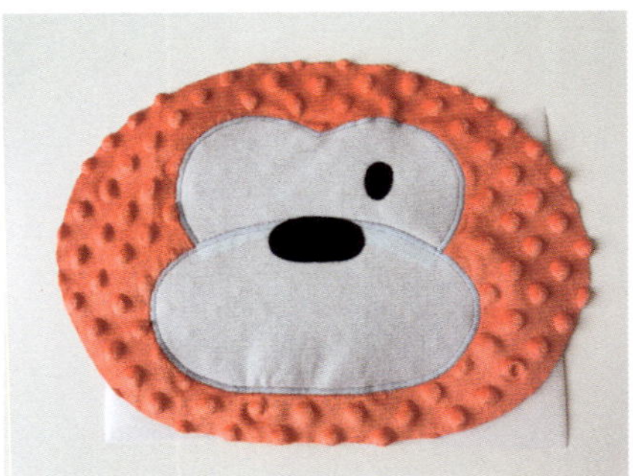

4 Positionnez l'œil et le nez aux endroits indiqués sur le patron. Épinglez. Cousez leur contour au point droit à 2 mm du bord.

5 Tracez le milieu de la langue sur la largeur. Cousez au point droit sur ce tracé avec du fil rouge assorti à la feutrine. Effacez le stylo avec la chaleur d'un sèche-cheveux.

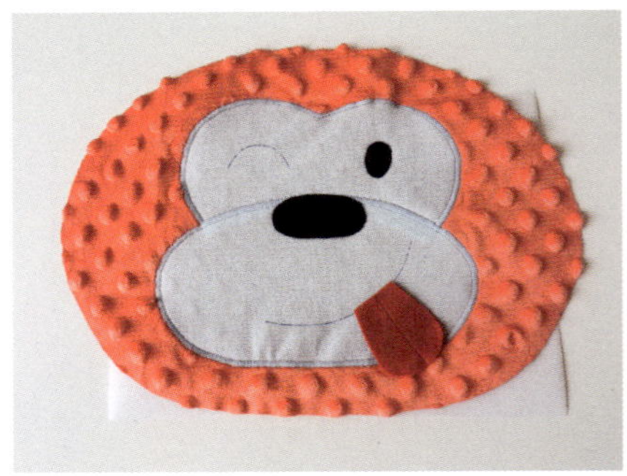

6 Tracez la bouche et l'œil fermé. Positionnez la langue sur le tracé de la bouche.

7 Cousez sur le tracé de l'œil fermé au point droit avec du fil noir et sur le tracé de la bouche au point zigzag très serré. Cette étape permet également de coudre la langue uniquement sur le haut. Cousez la pupille sur l'œil ouvert au point zigzag très serré avec du fil blanc.

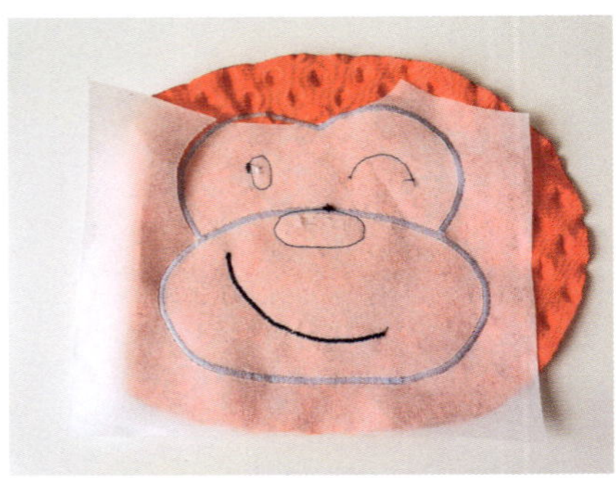

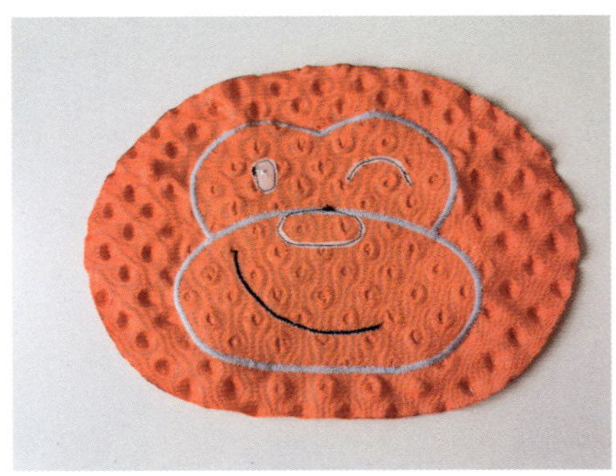

8 Retirez délicatement le stabilisateur.

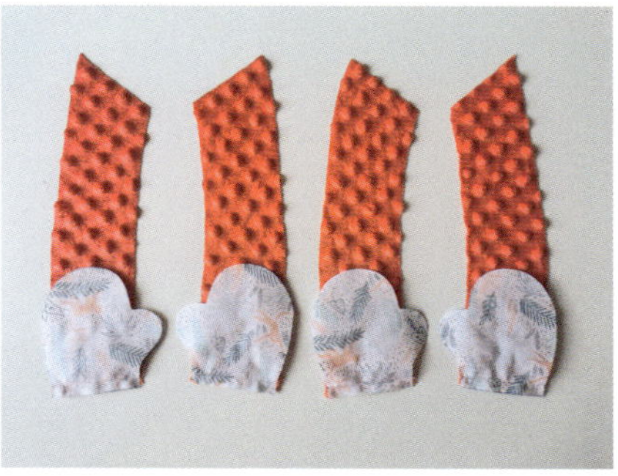

9 Réalisez les bras : superposez le tissu « main », endroit contre endroit, sur la longueur du bas des bras. Épinglez. Cousez cette longueur à 1 cm du bord. Prenez soin de positionner la main avec le pouce orienté vers l'intérieur.

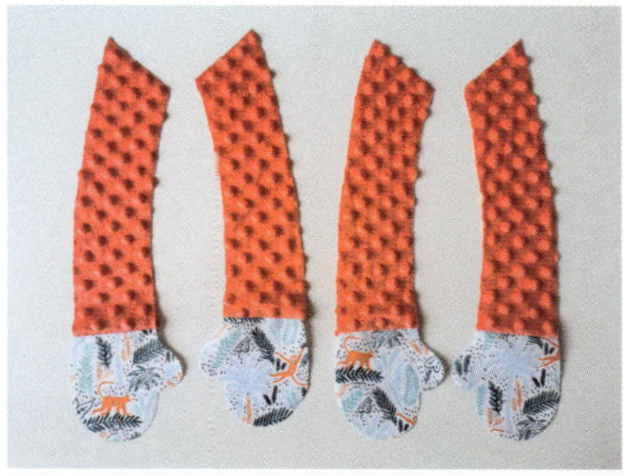

10 Ouvrez et aplatissez la couture.

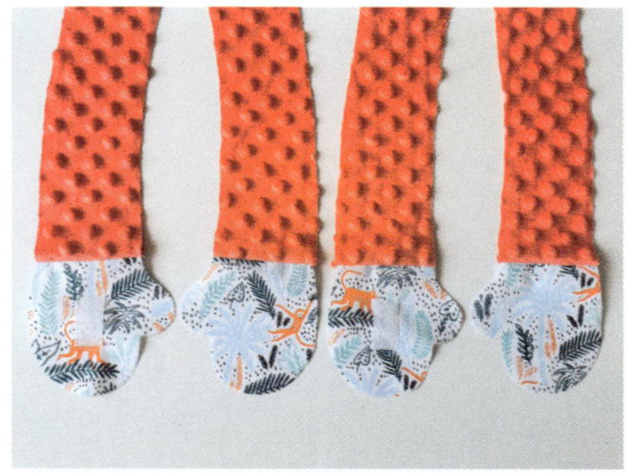

11 Réalisez la pose du ruban auto-agrippant pour permettre au singe de s'accrocher autour du cou de l'enfant : sur l'endroit des tissus « main » gauche, placez le ruban auto-agrippant (velours et crochet) centré à 3,5 cm du bord arrondi. Cousez son contour au point droit à 2 mm du bord.

12 Superposez les tissus, endroit contre endroit, en prenant soin de placer les coutures des mains face à face pour un joli résultat final. Épinglez. Cousez le contour des bras à 1 cm du bord en laissant la largeur ouverte pour ensuite retourner l'ouvrage sur l'endroit. Coupez le surplus de tissu à 0,5 cm du bord uniquement sur la main. Crantez les bords arrondis.

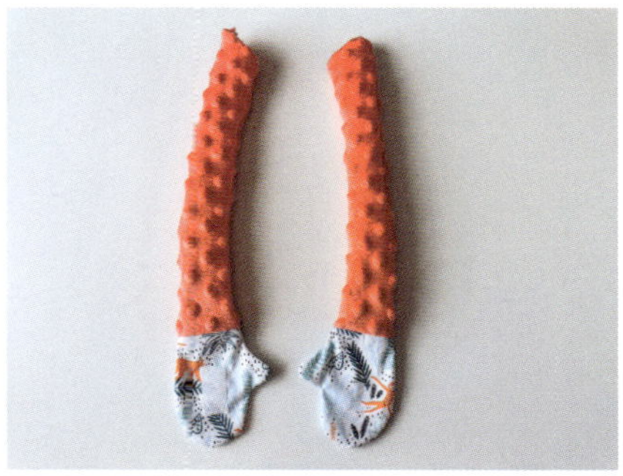

13 Retournez les bras sur l'endroit par l'ouverture. Repoussez les bords. Cousez sur la longueur du haut du tissu « main » à 0,5 cm de la jointure des tissus afin de délimiter la main non rembourrée.

14 Cousez deux largeurs sur le bas de la main pour imiter trois doigts.

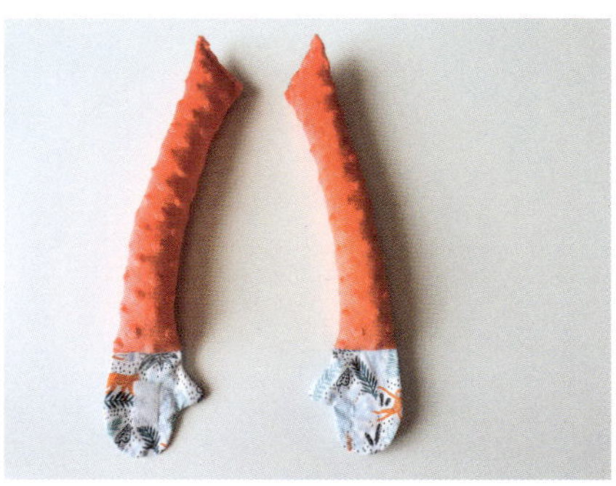

15 Rembourrez les bras avec de la ouate. Fermez l'ouverture avec une couture à 0,5 cm du bord.

16 Réalisez les pattes : superposez le tissu « pied », endroit contre endroit, sur la longueur du bas des pattes. Épinglez. Cousez cette longueur à 1 cm du bord. Prenez soin de positionner le pied avec le pouce orienté vers l'intérieur.

17 Superposez les tissus, endroit contre endroit, en prenant soin de placer les coutures des pieds face à face pour une jolie finition. Épinglez. Cousez le contour des pattes à 1 cm du bord en laissant la longueur du haut ouverte pour ensuite retourner l'ouvrage sur l'endroit. Coupez le surplus de tissu à 0,5 cm du bord uniquement sur les pieds. Crantez les bords arrondis.

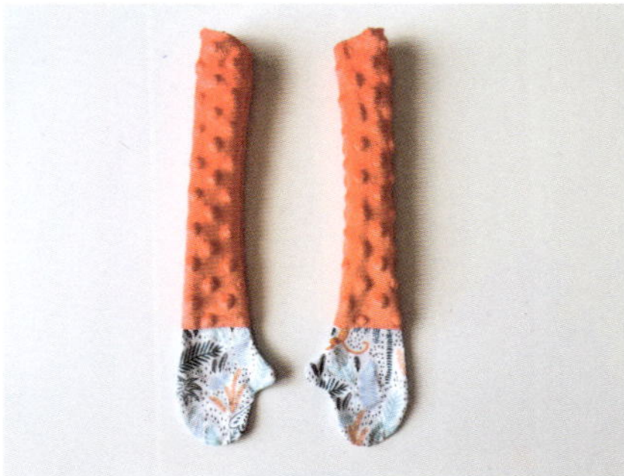

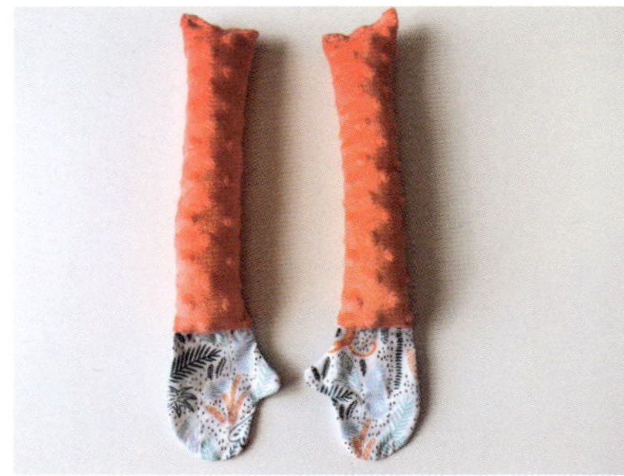

18 Retournez les pattes sur l'endroit par l'ouverture. Repoussez les bords. Cousez sur la longueur du haut du tissu « pied » à 0,5 cm de la jointure des tissus afin de délimiter le pied non rembourré. Cousez deux largeurs sur le bas du pied pour imiter trois doigts.

19 Rembourrez les pattes avec de la ouate. Fermez l'ouverture avec une couture à 0,5 cm du bord.

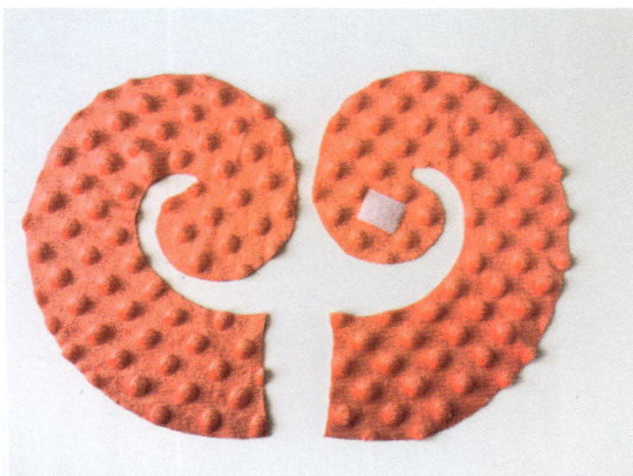

20 Réalisez la queue : pour tenir les « visages à grimaces » à proximité du miroir, positionnez le ruban auto-agrippant velours sur l'extrémité arrondie de la queue, endroit du tissu Minky. Cousez son contour à 2 mm du bord.

21 Superposez les tissus, endroit contre endroit. Épinglez. Cousez le contour de la queue à 1 cm du bord en laissant la largeur ouverte pour ensuite retourner l'ouvrage sur l'endroit. Crantez les bords arrondis. Coupez le surplus de tissu à 0,5 cm du bord uniquement sur l'extrémité arrondie de la queue (partie étroite).

22 Retournez la queue sur l'endroit par l'ouverture. Repoussez les bords. Rembourrez la queue avec de la ouate. Fermez l'ouverture avec une couture à 0,5 cm du bord.

23 Réalisez la pose du biais sur le contour du miroir : retirez le film protecteur du miroir. Pliez une largeur du biais ouvert sur 1 cm sur l'envers. Placez le biais sur le contour du miroir en l'étirant légèrement pour éviter qu'il ne gondole. Pincez. Finissez la pose du biais en recouvrant le biais coupé avec le biais plié, pour une jolie finition. Pincez. L'endroit du biais se trouve face à vous.

24 Cousez sur le contour du biais à 2 mm du bord intérieur en prenant soin d'allonger le point.

25 Positionnez le miroir à l'emplacement indiqué sur le patron. Cousez le contour du miroir à 0,5 cm du bord extérieur.

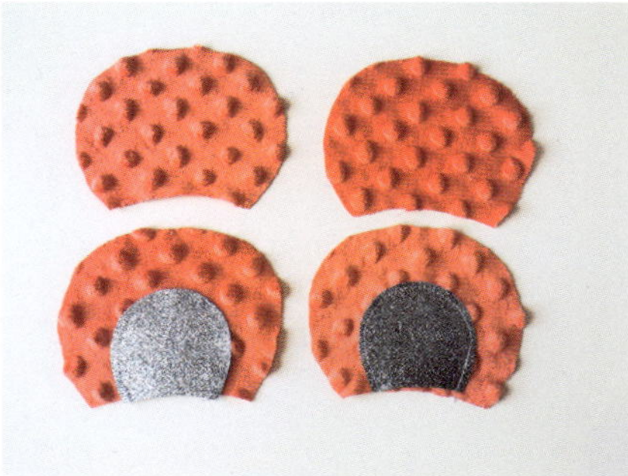

26 Réalisez l'intérieur des oreilles : sur l'endroit des tissus « devant » de l'oreille, positionnez l'envers du simili « intérieur de l'oreille » centré sur le bas. L'endroit du simili se trouve face à vous. Cousez son contour au point droit à 2 mm du bord.

27 Vous pouvez choisir de poser un appliqué avec un tissu coton. Coupez la toile thermocollante double face de la forme de l'intérieur de l'oreille du singe.

28 Recouvrez votre planche à repasser d'une feuille de papier cuisson pour la protéger d'éventuels débordements de colle de la toile thermocollante. Superposez la toile thermocollante double face sur l'envers du tissu coton face à vous.

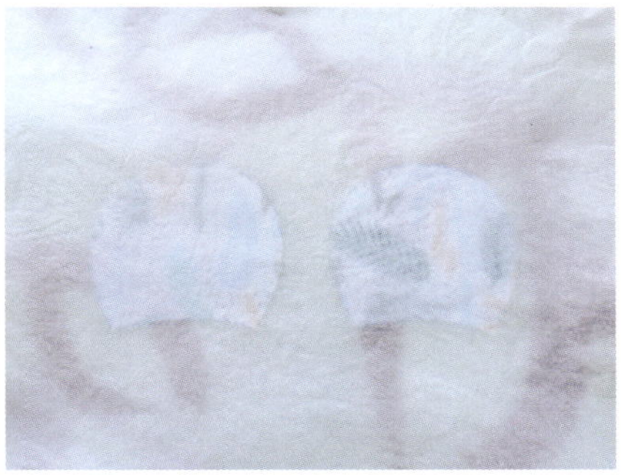

29 Positionnez une feuille de papier cuisson sur la toile thermocollante.

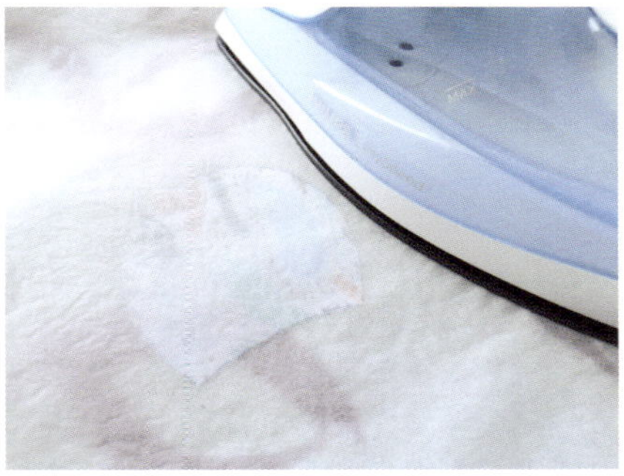

30 Passez le fer chaud sans vapeur pour coller la toile sur le tissu.

31 Retirez délicatement vos pièces thermocollées du papier cuisson.

32 Sur l'endroit du tissu Minky « oreilles devant » positionnez l'intérieur de l'oreille sur l'emplacement indiqué sur le patron. L'endroit du tissu coton se trouve face à vous et le côté avec la colle sur l'envers.

33 Protégez l'ouvrage en plaçant une feuille de papier cuisson sur les oreilles du singe. Passez le fer chaud sans vapeur sur l'endroit des oreilles pour coller les tissus entre eux.

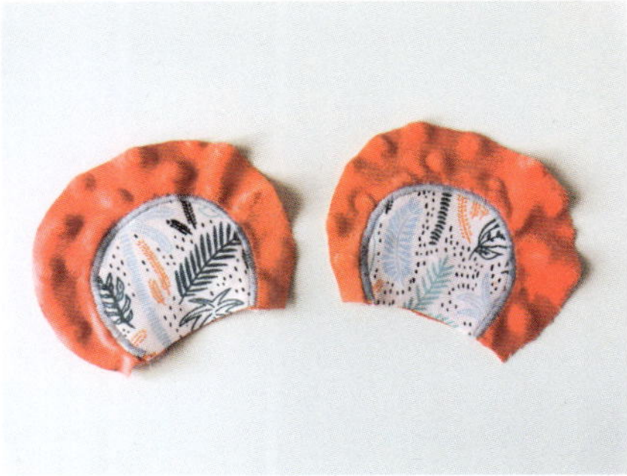

34 Retirez le papier cuisson. Cousez le contour de l'appliqué au point zigzag très serré.

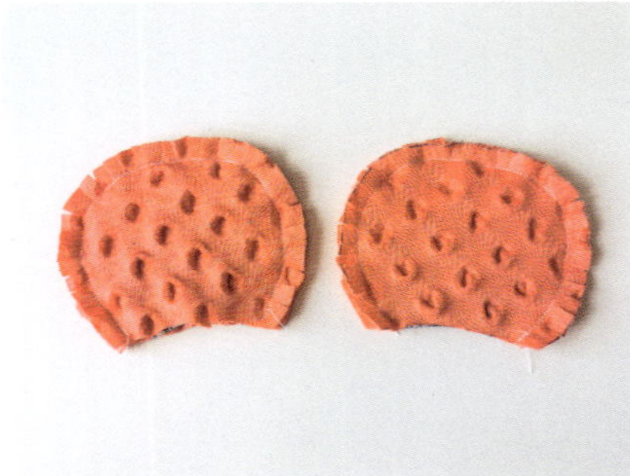

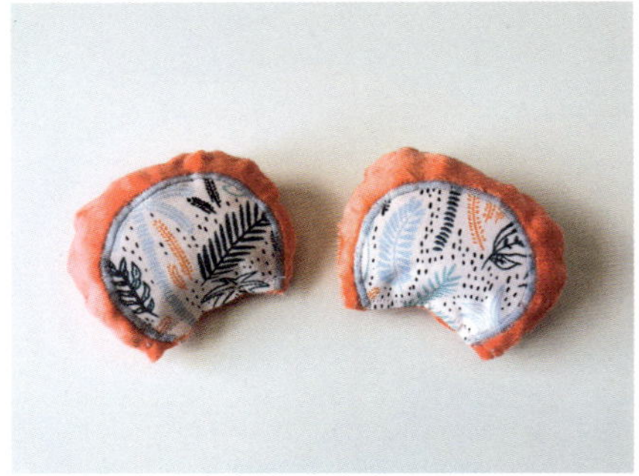

35 Réalisez les oreilles : superposez les tissus, endroit contre endroit. Épinglez. Cousez le contour des oreilles à 1 cm du bord en laissant la longueur du bas ouverte pour ensuite retourner l'ouvrage sur l'endroit. Crantez les bords arrondis.

36 Retournez les oreilles sur l'endroit par l'ouverture. Repoussez les bords. Rembourrez les oreilles avec de la ouate.

37 Fermez l'ouverture avec une couture à 0,5 cm du bord.

38 Positionnez les oreilles sur la tête du singe, endroit contre endroit, sur les repères indiqués sur le patron. Épinglez. Faites une couture à 0,5 cm du bord pour les maintenir. Vérifiez le bon placement des oreilles pour un joli résultat final.

39 Réalisez la partie « devant » du singe : placez la longueur du bas du tissu Minky « tête devant » sur la longueur du haut du tissu « devant du bas du corps », endroit contre endroit, en commençant par superposer les repères du milieu. Épinglez la longueur du cou. Cousez cette longueur à 1 cm du bord.

40 Ouvrez et aplatissez la couture. Crantez cette longueur arrondie.

41 Réalisez la partie « dos » du singe : reproduisez les étapes 39 et 40.

42 Sur la partie « devant » du singe, placez, endroit contre endroit, les bras, les pattes et la queue sur les repères indiqués sur le patron. Épinglez. Faites une couture à 0,5 cm du bord pour maintenir ces parties. Vérifiez le bon placement des pattes et de la queue ainsi que l'alignement des bras pour une jolie finition.

43 Superposez les parties « devant » et « dos » du singe, endroit contre endroit. Épinglez. Cousez le contour du singe à 1 cm du bord en laissant une ouverture de 12 cm centrée sur le haut de la tête pour ensuite retourner l'ouvrage sur l'endroit. Crantez les angles du cou et les bords arrondis.
Cette étape est délicate, vous pouvez la réaliser progressivement : cousez dans un premier temps le contour de la tête en partant des bras (n'oubliez pas l'ouverture), puis les largeurs et pour finir, la longueur du bas.

44 Retournez délicatement votre joli singe sur l'endroit par l'ouverture. Prenez soin de ne pas plier le miroir. Repoussez les bords. Rembourrez le singe avec de la ouate. Fermez l'ouverture avec une couture à la main, au point invisible, en réalisant un aller-retour pour garantir une sécurité optimale.

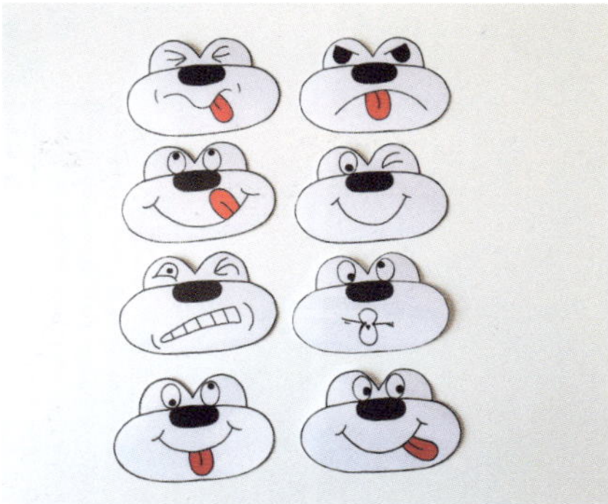

45 Réalisez les visage à grimaces : reproduisez les dessins des visages à grimaces sur une feuille de papier A4 et coloriez-les si besoin. Plastifiez les visages à l'aide d'une plastifieuse. Découpez le contour des visages plastifiés.

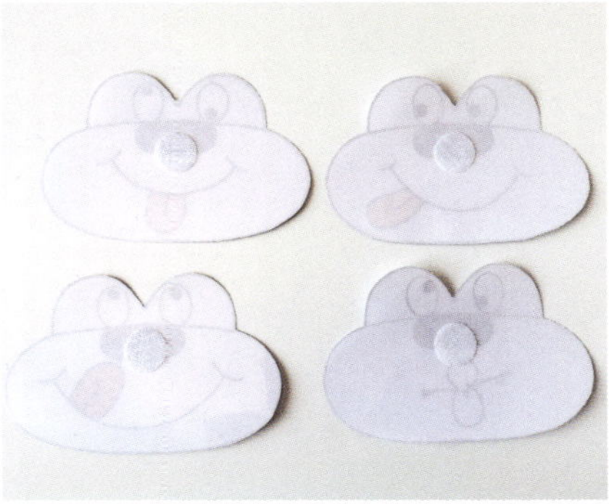

46 Collez des pastilles rondes auto-agrippantes « crochet » autocollantes sur l'envers des visages (cf. « Avant de commencer... », p. 7).

Le mot de l'orthophoniste

LA TORTURAMIDE

Cette famille de tortues, accompagnée du chant de la comptine « La famille tortue » permettra de travailler autour du rythme, de la conscience des syllabes, de l'intonation, de la prononciation, de la gestuelle (surtout si la comptine est signée), du vocabulaire, etc. Autant d'éléments en lien avec le langage.

Jamais on n'a vu, jamais on ne verra,
La famille tortue courir après les rats,
Le papa tortue et la maman tortue, et les enfants tortue iront toujours au pas.

En s'amusant à les ranger du plus petit au plus grand, ces peluches élaborent aussi les prémisses de la sériation qui est un prérequis essentiel aux mathématiques.

PIÈCES À DÉCOUPER (Longueur x largeur)

Peluche adulte

Pour la tête : tissu Minky ras : 2 fois 11,5 cm x 11 cm

Pour la carapace : tissu coton imprimé : 2 fois 27 cm x 17 cm

Pour la poche : tissu coton imprimé : 2 fois 27 cm x 11 cm

Pour le ventre : tissu coton imprimé : 21 cm x 13,5 cm

Pour les pattes : tissu Minky ras : 8 fois 8 cm x 7,5 cm

Pour la queue : tissu Minky ras : 2 fois 7,5 cm x 6,5 cm

Et aussi

- Yeux en feutrine blanche : 2 fois 2,5 cm x 2,5 cm
- Pupilles en feutrine noire : 2 fois 1,5 cm x 1,5 cm
- Ruban auto-agrippant velours : 3 cm x 2 cm
- Ouate de rembourrage

Peluche enfant

Pour la tête : tissu Minky ras : 2 fois 8,5 cm x 9 cm

Pour la carapace : tissu coton imprimé : 2 fois 20,5 cm x 13 cm

Pour le ventre : tissu coton imprimé : 16 cm x 10 cm

Pour les pattes : tissu Minky ras : 8 fois 6 ,5 cm x 5,5 cm

Pour la queue : tissu Minky ras : 2 fois 5,5 cm x 4,5 cm

Et aussi

- Yeux en feutrine blanche : 2 fois 2 cm x 2 cm
- Pupilles en feutrine noire : 2 fois 1 cm x 1 cm
- Ruban auto-agrippant velours et crochet : 3 cm x 2 cm
- Ouate de rembourrage

Peluche bébé

Pour la tête : tissu Minky ras : 2 fois 6,5 cm x 7 cm

Pour la carapace : tissu coton imprimé : 2 fois 15,5 cm x 10 cm

Pour le ventre : tissu coton imprimé : 12 cm x 8 cm

Pour les pattes : tissu Minky ras : 8 fois 5 cm x 4,5 cm

Pour la queue : tissu Minky ras : 2 fois 4 cm x 3,5 cm

Et aussi

- Yeux en feutrine blanche : 2 fois 1,5 cm x 1,5 cm
- Pupilles en feutrine noire : 2 fois 1 cm x 1 cm
- Ruban auto-agrippant crochet : 3 cm x 2 cm
- Ouate de rembourrage

Dimensions finales des peluches :
Adulte : 34 cm x 17 cm.
Enfant : 26 cm x 13 cm.
Bébé : 17 cm x 9,5 cm.

PAS À PAS

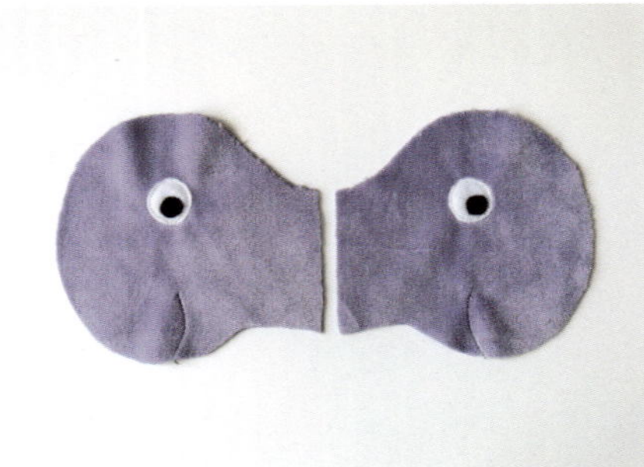

1 Réalisez la tête de la tortue : sur l'endroit des tissus Minky, placez l'œil et la pupille aux endroits indiqués sur le patron. Cousez leur contour au point droit au plus près du bord. Dessinez la bouche sur l'endroit indiqué sur le patron. Cousez sur ce tracé au point droit avec du fil noir.

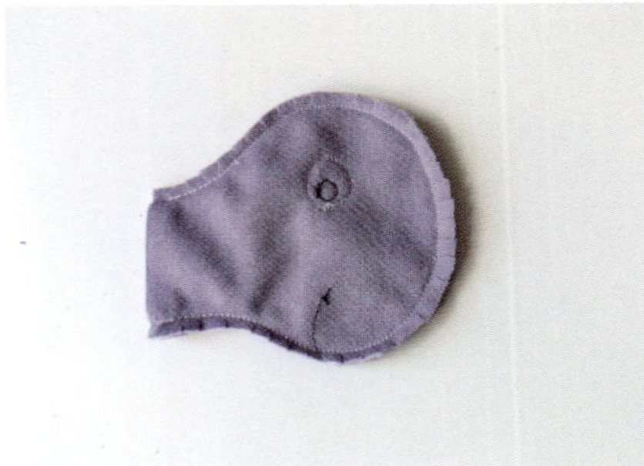

2 Superposez les tissus, endroit contre endroit. Épinglez. Veillez à ce que la couture de la bouche se trouve face à face pour une jolie finition. Cousez le contour de la tête à 1 cm du bord en laissant la largeur non arrondie ouverte pour ensuite retourner l'ouvrage sur l'endroit. Coupez le surplus de tissu à 0,5 cm du bord. Crantez les bords arrondis.

3 Retournez la tête sur l'endroit par l'ouverture. Repoussez les bords. Rembourrez la tête avec de la ouate. Fermez l'ouverture avec une couture à 0,5 cm du bord.

4 Réalisez la poche de la tortue adulte : superposez les tissus, endroit contre endroit. Épinglez. Cousez sur la longueur du haut à 1 cm du bord.

5 Ouvrez et aplatissez la couture au fer à repasser.

6 Rabattez les tissus, envers contre envers. Surpiquez la longueur du haut à 0,5 cm du bord.

7 Superposez la poche sur l'endroit et sur le bas d'un tissu « carapace ». Épinglez. L'endroit de la poche se trouve face à vous. Cousez le contour de la poche à 0,5 cm du bord en laissant la longueur du haut ouverte.

8 Réalisez les pattes et la queue : superposez les tissus, endroit contre endroit. Épinglez. Cousez le contour des pattes et de la queue à 1 cm du bord en laissant la longueur du haut ouverte pour ensuite retourner l'ouvrage sur l'endroit. Coupez le surplus de tissu à 0,5 cm du bord. Crantez les bords arrondis.

9 Retournez les pattes et la queue sur l'endroit par l'ouverture. Repoussez les bords. Vous pouvez placer du papier bruissant pour peluches à l'intérieur des pattes (cf. « Avant de commencer… », p. 7). Fermez l'ouverture avec une couture à 0,5 cm du bord.

10 Sur le tissu « carapace » avec la poche, placez, endroit contre endroit, les pattes sur les repères indiqués sur le patron. Épinglez. Faites une couture à 0,5 cm du bord pour les maintenir.

11 Sur le second tissu « carapace », placez, endroit contre endroit, les pattes, la queue et la tête sur les repères indiqués sur le patron. Épinglez. Faites une couture à 0,5 cm du bord pour maintenir ces parties. Vous avez le choix de placer la tête de la tortue sur la droite ou sur la gauche de la carapace.

12 Réalisez la carapace : superposez les tissus, endroit contre endroit. Cousez le contour arrondi de la carapace à 1 cm du bord en laissant la longueur du bas ouverte. Crantez les bords arrondis.

13 Ouvrez et aplatissez la couture. Retournez la carapace sur l'endroit. Repoussez le bord arrondi.

14 Posez le ruban auto-agrippant velours sur l'endroit de la carapace, centré sur le haut. Cousez le contour du ruban auto-agrippant à 2 mm du bord.

15 Retournez la tortue sur l'envers. Épinglez le tissu « ventre » sur le contour du bas de la carapace, endroit contre endroit, en commençant par épingler les repères du milieu puis le contour.

16 Cousez le contour du ventre à 1 cm du bord en laissant une ouverture de 7 cm, centrée sur le côté opposé de la poche (l'espace situé entre les deux pattes) pour ensuite retourner l'ouvrage sur l'endroit.

17 Retournez votre jolie tortue sur l'endroit par l'ouverture. Rembourrez la tortue avec de la ouate. Fermez l'ouverture avec une couture à la main, au point invisible, en réalisant un aller-retour pour garantir une sécurité optimale.

18 Réalisez la tortue enfant et la tortue bébé : reproduisez les précédentes étapes de la tortue adulte en changeant les dimensions des gabarits. L'enfant tortue et le bébé tortue n'ont pas de poche sur leur carapace, seule la tortue adulte possède une poche cousue sur sa carapace pour porter son bébé.

19 Pour la tortue enfant : ajoutez la couture d'un ruban auto-agrippant crochet centré sur l'endroit du tissu « ventre » de la tortue. À l'étape 16, cousez le contour du ventre à 1 cm du bord, en laissant une ouverture de 6 cm, centrée sur un côté de la carapace (l'espace situé entre les deux pattes). La tortue enfant possède un ruban auto-agrippant velours centré sur le haut de sa carapace et un ruban auto-agrippant crochet centré sur son ventre.

20 Pour la tortue bébé, ajoutez la couture d'un ruban auto-agrippant crochet centré sur l'endroit du tissu « ventre » de la tortue. À l'étape 16, cousez le contour du ventre à 1 cm du bord, en laissant une ouverture de 4 cm, centrée sur un côté (l'espace situé entre les deux pattes). La tortue bébé n'a pas de ruban auto-agrippant sur le haut de sa carapace. Il se retrouve avec un seul ruban auto-agrippant crochet centré sur son ventre.

Le mot de l'orthophoniste

SHOO
Le nuage

Cette peluche permet à votre enfant d'apprendre à envoyer de l'air par le nez pour se moucher ou simplement automatiser une respiration nasale au repos (et non buccale). En effet, une respiration buccale perturbe le sommeil (manque d'oxygénation du cerveau, sudation de la tête, fatigue la journée, difficultés d'attention, voire difficultés d'apprentissage), modifie le visage de votre enfant (allongement du visage, pommettes atténuées, apparition de cernes, lèvres gercées, palais déformé, dents déplacées, croissance des mâchoires modifiée, etc.), augmente le risque d'infections ORL, etc.

Le principe est simple : votre enfant doit faire sortir de l'air sur les petits nuages pour former de la buée dessus en soufflant uniquement par le nez (la bouche doit rester fermée).

PIÈCES À DÉCOUPER (Longueur x largeur)

Pour le devant du nuage (tête)
- Tissu Minky ras blanc ou tissu fausse fourrure : 41 cm x 26 cm

Pour le dos du nuage
- Tissu coton imprimé : 41 cm x 26 cm

Pour les petits nuages à chasser
- Flex effet métallisé pour un effet miroir afin d'obtenir de la buée en soufflant dessus : 1 feuille thermocollante 20 cm x 25 cm

Pour le visage
- Yeux en feutrine noire : 2 fois 3,5 cm x 3,5 cm
- Reflet des yeux en feutrine blanche : 2 fois 1,5 cm x 2 cm
- Joues en feutrine bleue : 2 fois 3,5 cm x 2 cm

Et aussi
- Colle pour tissus
- Ouate de rembourrage

COUPE

Prenez soin de découper les gabarits en miroir, de façon à superposer les tissus, endroit contre endroit.

Dimensions finales de la peluche :
40 cm x 25 cm.

PAS À PAS

1 Réalisez la tête du nuage : sur l'endroit du tissu Minky, positionnez les yeux et les joues aux endroits indiqués sur le patron. Cousez leur contour au point droit, à 2 mm du bord.

2 Tracez la bouche et cousez sur ce tracé au point droit avec du fil noir ou au point zigzag très serré. Collez les « reflets des yeux » sur les yeux avec la colle pour tissus ou réalisez un point zigzag très serré.

3 Réalisez les petits nuages à chasser : tracez et découpez 4 ou 5 petits nuages sur l'envers du Flex.
À savoir : une feuille de Flex possède deux côtés. Le côté mat est la partie collante qui est apposée face contre le tissu et le côté brillant est un film de protection qui sera retiré au dernier moment. Le Flex s'applique à chaud à l'aide d'un fer à repasser.

4 Thermocollez délicatement ces 4 ou 5 nuages sur l'endroit du tissu « dos du nuage » en suivant les recommandations pour la pose du Flex.

5 Réalisez le nuage : superposez les tissus, endroit contre endroit. Épinglez. Cousez le contour du nuage à 1 cm du bord en laissant une ouverture de 10 cm sur un côté pour ensuite retourner l'ouvrage sur l'endroit. Crantez les bords arrondis et les angles.

6 Retournez délicatement votre joli nuage sur l'endroit par l'ouverture. Repoussez les bords.

7 Rembourrez le nuage avec de la ouate. Fermez l'ouverture avec une couture à la main, au point invisible, en réalisant un aller-retour pour garantir une sécurité optimale.

8 Si vous souhaitez obtenir un meilleur résultat pour l'apparition de la buée et par soucis d'hygiène, vous pouvez découper un gros nuage sur du cristal transparent que vous placerez sur le petit nuage à chasser. Vous pouvez éventuellement le placer au frais avant son utilisation. La buée apparaît lorsque l'on souffle sur une surface froide.

Le mot de l'orthophoniste

CROCTOU
Le bouledogue

Ce petit chien coquin accompagne votre enfant dans la découverte du monde canin. Que de nouveaux mots à employer ! Ce chien favorise aussi le développement de la morphosyntaxe (production de phrases). Le chien, les objets, les aliments et l'action de manger peuvent être signés ou pictographiés pour créer toutes les phrases possibles de manière multimodale. Finalement, votre enfant est capable de construire des phrases structurées avec un sujet, un verbe et un complément, telles que « le chien mange un os ». À un stade plus avancé, des adjectifs peuvent allonger la phrase produite : « Le chien mange la balle jaune ».

Les différents tissus utilisés ajoutent des sollicitations sensorielles tactiles, et ses grandes oreilles donneront place aux meilleures parties de coucou-caché.

PIÈCES À DÉCOUPER (Longueur x largeur)

Pour le devant
- Tissu Minky ras : 20 cm x 24,5 cm

Pour le dos
- Tissu coton imprimé : 20 cm x 24,5 cm

Pour la poche
- Tissu « extérieur » Minky ras : 20 cm x 14,5 cm
- Tissu « doublure » coton imprimé : 20 cm x 14,5 cm

Pour les oreilles
- Tissu Minky ras : 2 fois 11 cm x 14 cm
- Tissu coton imprimé : 2 fois 11 cm x 14 cm

Pour les pattes du bas
- Tissu coton imprimé : 4 fois 11 cm x 11 cm

Pour les dents
- Tissu Minky ras blanc : 8 fois 6 cm x 6,5 cm

Pour le visage
- Yeux en feutrine blanche : 2 fois 3 cm x 3 cm
- Pupilles en feutrine noire : 2 fois 1,5 cm x 1,5 cm
- Truffe en feutrine noire : 5 cm x 3,5 cm
- Reflet de la truffe en feutrine blanche : 1 cm x 1 cm
- Langue en feutrine rouge : 5 cm x 6,5 cm

Pour les accessoires
- Feutrine doublée, de différentes couleurs
- Seulement pour les accessoires qui doivent tenir sur la langue : ruban auto-agrippant velours : 1,5 cm x 1,5 cm

Et aussi
- Bout des pattes de devant en feutrine blanche : 2 fois 5,5 cm x 4 cm
- Ouate de rembourrage
- Ruban auto-agrippant crochet : 2 cm x 2 cm

COUPE

Prenez soin de découper les gabarits en miroir, de façon à superposer les tissus, endroit contre endroit.

Dimensions finales de la peluche : 32 cm x 31 cm.

PAS À PAS

1 Réalisez la tête du chien : sur l'endroit du tissu Minky, placez les yeux et la truffe aux endroits indiqués sur le patron. Épinglez. Cousez leur contour au point droit à 2 mm du bord. Sur les yeux, cousez la pupille avec un point droit au plus près du bord. Cousez le reflet de la truffe au point droit au plus près du bord ou réalisez un point zigzag très serré. Cousez une verticale d'1 cm avec du fil noir, centrée sous le bas du nez, au point droit en réalisant un aller-retour.

2 Réalisez les oreilles : superposez les tissus, endroit contre endroit. Épinglez. Cousez le contour des oreilles à 1 cm du bord en laissant la longueur du bas ouverte pour ensuite retourner l'ouvrage sur l'endroit. Dégarnissez la pointe et crantez les bords arrondis.

3 Retournez les oreilles sur l'endroit par l'ouverture. Repoussez les bords. Ramenez les extrémités intérieures du bas de l'oreille sur 2 cm vers le milieu. Pincez. Fermez l'ouverture avec une couture à 0,5 cm du bord.

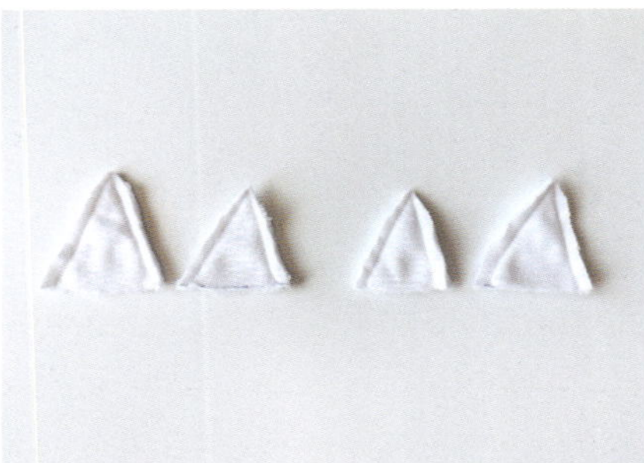

4 Réalisez les dents du chien : superposez les tissus, endroit contre endroit. Épinglez. Cousez le contour des dents à 1 cm du bord. Ne cousez pas la longueur du bas. Dégarnissez la pointe. Coupez le surplus de tissu à 0,5 cm du bord.

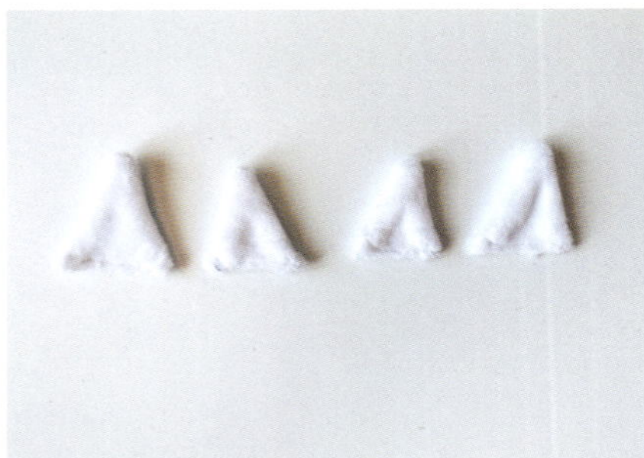

5 Retournez les dents sur l'endroit par l'ouverture. Repoussez les bords. Fermez l'ouverture avec une couture à 0,5 cm du bord.

6 Réalisez les bras : superposez les tissus, endroit contre endroit. Épinglez. Cousez le contour des bras à 1 cm du bord en laissant la largeur ouverte pour ensuite retourner l'ouvrage sur l'endroit. Crantez les bords arrondis.

7 Retournez les bras sur l'endroit par l'ouverture. Repoussez les bords. Rembourrez les bras avec de la ouate. Fermez l'ouverture avec une couture à 0,5 cm du bord.

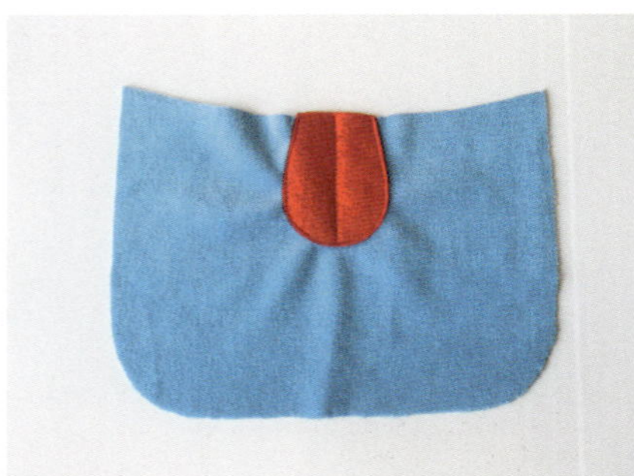

8 Réalisez la langue : sur l'endroit du tissu extérieur « poche », positionnez la langue centrée sur la longueur du haut. Épinglez. Cousez le contour de la langue à 2 mm du bord. Ne cousez pas la longueur du haut. Tracez le milieu de la langue sur la largeur. Cousez au point droit sur ce tracé avec un fil rouge assorti à la feutrine. Effacez le stylo avec la chaleur d'un sèche-cheveux.

9 Positionnez les dents du chien bord à bord sur la longueur du haut, à 1 cm de chaque côté de la langue. Épinglez. Faites une couture à 0,5 cm du bord pour maintenir ces parties.

10 Positionnez le ruban auto-agrippant crochet, centré à 1,5 cm du bord arrondi de la langue. Cousez le contour du ruban auto-agrippant à 2 mm du bord.

11 Réalisez les pattes de devant : positionnez les mains à 3 cm de la longueur du bas du tissu extérieur « poche ». Épinglez. Cousez le contour des mains à 2 mm du bord et cousez sur le tracez des doigts.

Tracez les pattes et cousez sur le tracé au point droit.

12 Réalisez la poche : superposez les tissus, endroit contre endroit. Épinglez. Cousez la longueur du haut à 1 cm du bord. Crantez le bord arrondi.

13 Retournez la poche sur l'endroit. Aplatissez la couture avec les doigts. Surpiquez la longueur du haut à 0,8 cm du bord uniquement sur le tissu « poche ». La langue reste non surpiquée.

14 Réalisez la tête du chien : sur la partie « devant » du chien, placez, endroit contre endroit, les oreilles sur les repères indiqués sur le patron. Épinglez. Faites une couture à 0,5 cm du bord pour les maintenir. Vérifiez le bon placement des oreilles pour une jolie finition.

15 Réalisez la partie « devant » du chien : placez la poche sur le bas du corps et bord à bord. Épinglez. Cousez le contour de la poche à 0,5 cm du bord en laissant la longueur du haut ouverte.

16 Sur la partie poche « extérieur » du chien, placez, endroit contre endroit, les pattes du bas sur les repères indiqués sur le patron. Épinglez. Faites une couture à 0,5 cm du bord pour les maintenir.

17 Vérifiez le bon placement des pattes pour une jolie finition.

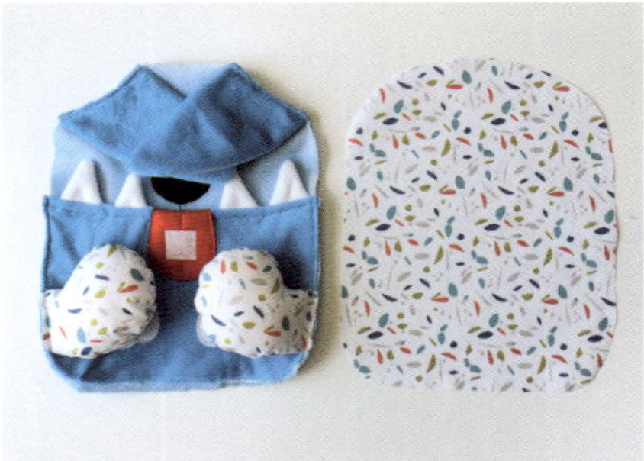

18 Superposez les parties « devant » et « dos » du chien, endroit contre endroit. Épinglez. Cousez le contour du chien à 1 cm du bord en laissant une ouverture de 8 cm centrée sur le bas pour ensuite retourner l'ouvrage sur l'endroit.

19 Retournez votre joli chien sur l'endroit par l'ouverture. Repoussez les bords.

20 Rembourrez le chien avec de la ouate. Fermez l'ouverture avec une couture à la main, au point invisible, en réalisant un aller-retour pour garantir une sécurité optimale.

21 Réalisez les accessoires : cousez un ruban auto-agrippant crochet centré sur le dos extérieur de chaque pièce pour pouvoir la faire tenir sur la langue du chien. Certaines pièces ne nécessitent pas de ruban auto-agrippant, comme la gamelle et la crotte.
Réalisez la viande sur un os : cousez le ruban auto-agrippant centré sur le dos de la viande. Superposez les parties « devant » et « dos » de la viande, envers contre envers. Placez entre les deux parties l'os. Cousez le contour de la viande à 2 mm du bord.

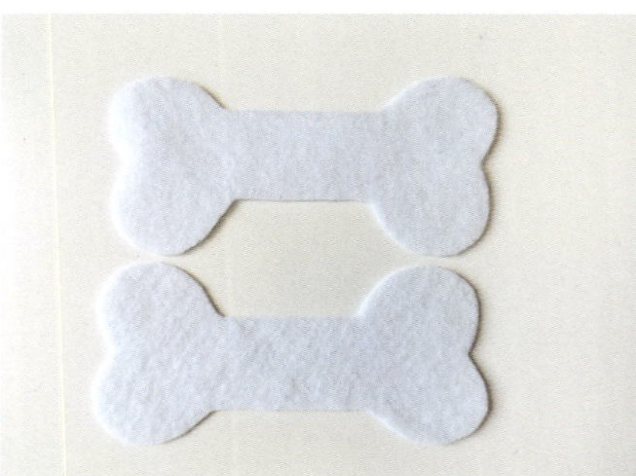

22 Réalisez un os : cousez le ruban auto-agrippant centré sur le dos de l'os. Superposez les parties « devant » et « dos » de l'os, envers contre envers. Cousez le contour à 2 mm du bord.

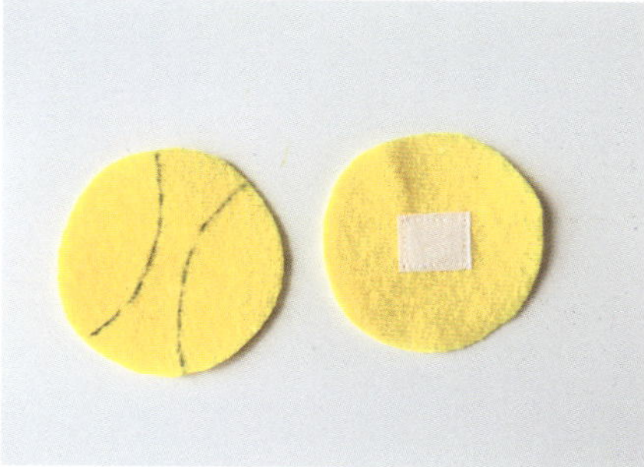

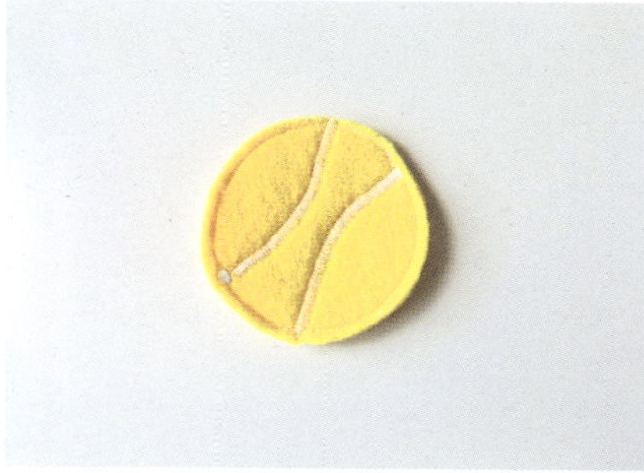

23 Réalisez une balle de tennis : sur le devant endroit de la balle, tracez les deux traits à l'aide du stylo qui s'efface à la chaleur. Cousez sur les tracés avec un point zigzag très serré. Effacez le stylo avec la chaleur d'un sèche cheveux. Cousez le ruban auto-agrippant centré sur le dos de la balle. Superposez les deux parties « devant » et « dos » de la balle, envers contre envers. Cousez le contour à 2 mm du bord.

24 Réalisez une crotte : tracez les traits à l'aide d'un stylo craie. Superposez les parties « devant » et « dos » de la crotte, envers contre envers.

25 Cousez le contour à 2 mm du bord et cousez sur les tracés avec un point droit.

26 Réalisez une chaussure : ccusez le ruban auto-agrippant centré sur le dos de la chaussure. Superposez les parties « devant » et « dos » de la chaussure, envers contre envers. Cousez le contour de la chaussure à 2 mm du bord. Cousez les différentes parties sur l'endroit de la feutrine devant de la chaussure.

27 Réalisez la gamelle du chien : superposez les parties « devant » et « dos » de la gamelle, envers contre envers. Placez l'os, centré entre ces deux parties. Cousez le contour de la partie « devant » de la gamelle, à 2 mm du bord.

Remerciements

Je remercie particulièrement :

Mes enfants Marine, Nelly, Clémence et mon mari Philippe, pour leur aide précieuse et leur soutien dans cette merveilleuse aventure.

Mon éditrice Stéphanie, pour sa confiance et pour m'avoir si bien accompagnée dans l'élaboration de ce livre.

Ma fille Marine pour l'écriture des « mots de l'orthophoniste ».

Ma fille Nelly pour ses talents de photographe avec les jolies photos des peluches.

Ma photographe Marine Clauzier pour le superbe travail qu'elle a accompli, pour son enthousiasme et sa patience.

Mes petits modèles Nino, Antonin, Adriana et Lou, pour avoir sublimé mes peluches.

Mes testeuses Emma, Élise, Céline, Delphine, « ZoLi pipelettes », « Sous le pied de Bichette », « Pistache et chocolat », « Coton & Boutons », « Tu coudres quoi maman », « Zol&saan Confections », « Les créas de Shesha », « Un dessin un doudou pour nos Pitchounes », « Willy's créa ».

Ma famille, mes amis et mes abonnés, pour m'avoir soutenue et accompagnée tout au long de mon parcours.

Toute l'équipe de Créapassions pour son travail remarquable.

ValMa Créas

Suivez-moi

Mon blog : lescreasdevalma.blogspot.com
Facebook : @ValMa Créas
NounOurs & Malyce by ValMa Créas
Ma chaîne YouTube : ValMa Créas
Instagram : @valma_creas
Facebook groupe privé : @ValMa Créas – Peluches et Doudous Émotions